不動産投資の嘘

幻冬舎MC

不動産投資の嘘

はじめに

ここ数年、サラリーマン投資家の間で不動産ブームが続いています。書店を訪れれば関連書籍が棚を埋め尽くし、有名投資家や不動産会社によるセミナーも毎日のように開催されています。

不動産は株やFXと比べて爆発的に儲かることはありませんが、ローンを活用して投資でき、成功すれば長きにわたって安定的な収入を得られるため、「サラリーマンに最適な資産形成の手段」として人気を集めているのです。

しかし、ミドルリスク・ミドルリターンといわれる不動産投資も、誰もが簡単に成功できるわけではありません。融資を利用して投資を始めた場合、入居者がいなければ借金を背負うだけです。実際に、多くの投資家がリスクの潜む物件を購入し、失敗しています。

例えば、築年数が経つとともにどんどん住人が離れ、家賃が低下していく高額な新築マンション。表面利回りは高いが、思わぬ修繕費が収益を圧迫する物件――こういった物件は、利益が出ないからと手放そうとしても、買い主はなかなか見つかりません。結果、驚くほどの安値で買い叩かれ、投資家は大損をすることになるのです。

築浅で高利回りという人気物件は、市場にほとんど出回っておらず、売りに出されていたとしても高額です。近年は地価が上昇したこと、外国人投資家が殺到したことなどから、物件価格はますます高騰しています。誰もが欲しいと思うような優良物件は、一般的なサラリーマンにはなかなか手が届かないものなのです。

ところが不動産を売る側の業者は、うまい話しかしません。たとえデメリットが目立つ物件だとしても、まるで大儲けできるかのように「嘘」をつくのです。また、セミナーを多数開催していたり、ベストセラーの著者である有名投資家たちも、実は裏で業者とつながっている場合が多く、とにかく投資を薦めます。彼らの口車に乗り、安易に投資に乗り出したことで、マイナスしか生み出さない負債物件を手にしてしまう人も続出しているのです。

不動産業界に深く関わる人間と一般投資家の間にある「情報と知識の格差」は甚大です。物件価格や利回りが決まる仕組みなどは素人が簡単に理解できるものではありませんし、未公開の物件情報なども、ほとんど手に入りません。

では、サラリーマン投資家が「不動産投資の嘘」を見破り、長期的かつ安定的な収入を得るためにはどうすればいいのでしょうか。

私は、全国の投資用不動産の売買を行う会社を経営し、これまで約8000人以上の投資家に対して、資産形成のコンサルティングを行ってきました。中には、業者のうまい話に騙されて失敗物件をつかまされた人も多数いますが、そういう人にも有効な手立てを示し、確実に利益を出せるまでに改善できています。

その経験から断言できるのは、融資や業者、賃貸など九つのテーマで「騙されやすい」ポイントさえ押さえれば、不動産投資の嘘に惑わされることなく、投資で成功できるということです。

本書では、投資家が避けては通れない融資や、不動産業者との付き合い、立地選び、賃貸経営、出口戦略、税金対策や法人化、海外投資などに潜むさまざまな嘘を紹介していきます。また、不動産投資で成功するために欠かせないCCR（自己資本利益率）、IRR（内部収益率）、FCR（真実の利回り）、K％（ローン定数）など基本指標についても、初心者に理解できるよう、わかりやすく解説しました。

本書によってサラリーマン投資家の皆さんが不動産投資の「嘘」を見破り、長期安定収入を得ることができれば、著者として望外の喜びです。

2016年6月吉日　大村昌慶

目次

第2章 有名投資家の嘘

第3章　不動産業者の嘘

第4章　立地の嘘

第5章 賃貸経営の嘘

第6章 出口戦略の嘘

第7章 法人化の嘘

第8章 税金対策の嘘

装丁　松崎 理

序章

不動産投資は「嘘」で塗り固められている

近年、サラリーマンのあいだで不動産投資は過熱の一途を辿っています。ところが、書籍やセミナー、営業トークなどで語られる不動産投資に関する情報は、不動産業者や有名投資家が自身の利益を確保するためについた〝嘘〟で塗り固められています。

本書では、「これなら成功できる」と一般にいわれている不動産投資ノウハウに潜む〝嘘〟を暴き、本当に正しいノウハウを解説していきますが、ここでは導入として、「騙されている投資家」の代表的な例を三つ紹介します。

一つ目は高年収のサラリーマンで、融資を受けやすい銀行を使い、個人名義で大型の1棟物件を複数棟購入した人です。法人名義で使える金融機関があるにもかかわらず、「まずは個人名義で実績をつくりましょう」「融資がついた順で購入できるので、融資結果が早く出るこの金融機関しか使えません」などと業者から言われて個人名義で購入してしまうケースです。

この場合の問題点は、個人名義で特定の銀行の融資を受けると、次になかなか買い進められなくなる場合があることです。限度額に近いようなオーバーローンを組み、個人の属性をギリギリまで使い切ってしまうため、投資家の目標値がいくら高くても、融資が通らずに買い進められないという事態に陥ってしまう可能性があるのです。

二つ目は、今人気を博している「新築木造アパート」を相場より高く購入してしまうケースです。ある不動産コンサルタントは「土地から探して建物を建てれば、安く購入できます」と謳って、新築アパートを販売しています。「建売アパートは、業者の利益が乗っているから損だ」というイメージを植え付けて、「土地からやれば業者の利益分を抜くことができる」と説明します。

しかし、建て売りであっても土地から販売するアパートであっても、当然ながら業者の利益は販売価格に上乗せされます。実際に物件の購入内訳を見てみると、土地の値段は適正でも、建築費がかなり高くなっていることがあります。

三つ目は、キャッシュフローが赤字になっている、すなわち低利回りの新築アパートを高金利の融資を受けて購入した投資家です。収益が少ないことに気付いていても仲介した不動産業者に「3年後に借り換えをすれば、金利が下がるので大丈夫ですよ」と、言いくるめられてしまうのです。

しかし、「数年後にもし借り換えができなかった場合はどうなるのか」を考えると、これはリスクが高い投資といえます。業者が3年後の借り換えを100%保証してくれるわけではありませんし、銀行がある日突然、その融資方針を変えてしまうことはよくあるからです。

この人のケースでは、満室であっても固定資産税や管理費ランニングコストをしっかり計算したキャッシュフローが赤字となってしまいます。私の元へ相談に見えたときは、既に赤字で毎月のローン支払いを自らのサラリーで補塡していました。

そもそも収支が赤字であれば、自己資本をさらに投入しないと借り換えは難しいのです。この投資家さんはそういったこともご存じありませんでした。

数年前であれば今よりも安い価格で購入できて、高利回りが得られる好条件の物件がありました。収益性が高ければ、たとえ金利の高い銀行からフルローンで借りていても、少々収支計算が甘くても、破綻する可能性が少ない状況でした。しかし、物件価格が上昇傾向にある今の市況では、「破綻リスクが高まっている」と言わざるを得ません。

では、ここで多くの投資家が忘れがちな「不動産投資の目的」を以下にまとめます。

①定期的な収益、つまりキャッシュフロー
②資本の保護
③資本の増加
④不動産特有の特徴であるレバレッジをかけられる
⑤所得・税務上の利得、税金対策

右記の五つを実現するために、最も重要なことの一つとしてあげられるのが「オーナーシップ」、すなわち「不動産投資で◯◯を実現したい」という個人的な想いです。オーナーシップは不動産投資を続ける上での原動力であり、哲学であり、目的です。しかし、オーナーシップが過度に強くなったり、あるいは方向付けを誤ると失敗することが多いといえます。

また、目標を決めたら、手法については柔軟に考えることも重要です。ある大家の会では「とにかく地方のRC1棟マンションを買いましょう」と薦めています。もちろん、地方のRC造マンションが悪いわけではありません。地方投資で成功されているサラリーマン投資家はたくさんいますし、地場で投資を続ける地主系投資家もいます。問題なのは「それしか買ってはいけない」と決めつけていることです。

不動産投資の目的を考えると、手法については柔軟にとらえるべきです。融資の状況や市況、災害といった自分ではどうにもならないことも含め、あらゆる状況を想定して、最善の道を選択して進めていくべきなのです。

しかし、巷に溢れている情報の多くが「◯◯しか認めない」と断言しています。その言葉を信用して投資を続けることは、思考停止＝洗脳された状態といっても過言ではありません。そしてその状態が続けば、たとえ周囲からアドバイスをされても「ブレてはいけない」と聞く耳を持つことができなくなってしまうのです。

これは日本人の典型的な特徴で、自分と立場が同じ投資家が言うことは信用できると思うのでしょう。逆に不動産業者が同じことを言っても、もしかしたら騙されるのではないかと警戒されてしまいます。もちろんそれは間違いではないのですが、自分たちの味方だと思っている人が本当に投資家のためになることを言っているのかといえば、それもまた違うのです。

不動産業界は「魑魅魍魎《ちみもうりょう》が跋扈《ばっこ》する世界」です。名前を聞けば誰もが知る株式上場されているような大手業者の中でも詐欺を行う業者もいますし、規模が小さくても投資家のことを最優先に考える業者もいます。〝プロ〟を謳っていても、投資について知識の浅い業者もいます。

その観点から言えば、不動産業者だけでなく不動産投資コンサルタントや、著名投資家などにも気を付ける必要があるのです。

不動産投資に関する情報はたくさんあります。どの情報が自分にとって正解なのかを選別し、本質をしっかり見極めることが大切なのです。

第1章

融資の嘘

「高収益物件ほど融資が下りやすい」は嘘

高収益＝高利回り物件ほど融資が出やすい？

収益不動産を購入して、キャッシュフローを得る――多くの投資家はその目的に向かって物件を探しています。しかし、「キャッシュフローを大きく得るためには、大きな収益が必要、だから、高い利回りの物件を買わなくてはなくてはならない」というのは、ただの思い込みです。

また、高利回り物件を有利な融資を受けて購入した著名投資家の武勇伝（書籍やＳＮＳ〈ソーシャル・ネットワーキング・サービス〉、ブログなど）を見る機会があり、「自分も同じような高収益な物件が欲しい！」というのも思い込みといえるでしょう。

たしかに、高い収益を生む物件に投資をすることは価値がありますし、そういった物件こそ銀行は評価をする……という見方もあるにはあります。しかし実際の融資では、高利回り物件＝融資が通りやすいという単純な法則はありません。むしろ、融資をスムーズに受けるには、あくまでも銀行の審査基準をしっかりと把握することが肝心です。物件に対しての評価はもちろん、投資家自身の属性や資産背景も重要なのです。

銀行が融資を出す基準を理解する

銀行から融資を受けるには、相当額の担保が必要になります。物件の担保評価は、主に積算評価法（※1）を用いて算出されます。

そのため積算評価の高い高利回り物件ほど、融資が出やすいと考えている人も多くいます。たしかに数年前までは、積算重視でどんどん物件を買えた時期がありました。

しかし銀行によっては、積算ではなく収益還元法を採用しているところもあります。収益還元評価とは、対象となる不動産物件が生み出す収益性からその不動産投資物件の価値を査定する方法です。前項にある「高収益の物件は融資が出やすい」と思われる根拠です。

銀行は、それぞれの基準を持ちます。積算評価を重視する銀行もあれば、収益還元評価を重視する銀行もありますし、その両方を採用している銀行もあります。

両方見る場合でも、積算評価をより重視するのか、収益還元評価をより重視するのか、これも銀行によってまったく変わってくるのです。

結局のところ担保評価は市場に左右されてしまう部分も大きく、今の市場でみると、首都圏で積算が出る物件はほとんどありません。地方に行けば積算の高い物件があるかもしれませんが、投資として見たときにその物件が良いか悪いかは別の話です。

物件評価額はあくまでも一つの指針ですから、積算であれ、収益還元であれ、「〇〇でなければならない」とあまり固執しない方がいいと思います。

また、日本の建物には法定耐用年数（※2）というものがあります。銀行の融資期間は、法定耐用年数から築年数を引いた年数で決まってきます。アメリカの場合、購入するごとに税務的にも融資期間的にもリセットされますが、日本の場合はこの耐用年数の考えがあるため出口戦略にも影響します。

もちろん、耐用年数を超えた融資期間で貸し出す銀行はありますが、個人の場合は、信用毀損につながってしまう可能性もあるので注意が必要です。法人名義での購入の場合、これを回避することもできますので、一概に信用毀損になるという考えにも固執しない方がいいでしょう。

例えば築35年のＲＣ物件であれば、残りの耐用年数は12年です。そうなると融資期間が12年でしか組めないため、月々の返済額が大きくなり、キャッシュフローが出にくくなります。

銀行としては融資金額を下げざるを得ないと判断し、その差額分は自己資金でカバーするという形になってしまいます。いくら積算の出る高利回り物件であっても、投資として収支が合わなければ意味がありません。これは出口（売却）時にも同じことが言え、次に購入する方が融資を組んで購入できるかどうかも重要になります。

また、銀行によって物件の評価の仕方も異なります。大きな違いとしては、積算評価か収益還元法か、そしてローンの年数は、耐用年数から築年数を引いた残存年数なのか、残存年数にプラスしてローンの年数を組めるのかどうかです。

例えば、A銀行では収益還元法での評価を主に使い耐用年数でのローン年数になるので、新築や築年数が浅い物件に評価が出ます。逆にB銀行の場合、積算評価で物件評価が出ます。耐用年数の残存年数にプラスしてローン年数を延ばせるので、地方の中古RCに評価が出やすかったりします。

このように、それぞれ銀行によって物件に対する評価基準が違うのです。

※1　物件の積算評価の求め方

積算評価＝土地評価＋建物評価
土地評価は前面道路の「路線価」×土地平米数になります。
建物評価は建物面積×再調達価格×（残存年数／法定耐用年数）になります。
★路線価と再調達価格はネット検索で簡単に調べられます。

※2　法定耐用年数とは？

木造や鉄筋など建物の構造によって、耐用年数が法令で定められています。銀行によって異なりますが、アパートローンは法定耐用年数を基準にして融資期間の長さが決まります。

【建物の種類と法定耐用年数】

軽量鉄骨19年
木造22年
鉄骨造（骨格材の厚さによって違う）　27年〜34年
鉄筋コンクリート造　47年

★耐用年数もネット検索で簡単に調べられます。

銀行にとって望ましい投資家の属性とは?

銀行にとって好ましい属性は、まず「年収と金融資産がある」人です。年収は夫婦合算することも可能で、基本的には一定の世帯年収がある人を好みます。ただし一番大事なのは、「既存の借り入れ状況」です。借り入れには大きく2種類あり、一つは住宅ローン、もう一つは買い進めていくに当たっての借り入れです。後者は2棟目3棟目と増えるごとに全体の借入額も増えていきます。

例えばA銀行の場合、借入限度額は全ての借り入れも含め年収の10倍までであるため、既存で住宅ローンがある場合や、既に1棟目を個人名義で購入して年収の10倍以上の総借り入れがある人はこの銀行を使えません。また同じように、B銀行では年収の15倍から20倍が上限であったり、C銀行では、他の借入額は問わずにC銀行のみでの借り入れ枠であったりします。

このように、それぞれ銀行によって属性に対する融資基準が違います。したがって、銀行ごとの融資基準を常に把握して、使う順番や使い方をしっかりと計画するべきです。また、同じ銀行でも時期によって審査基準はどんどん変化していくのにも注意が必要です。

とある銀行が好む属性は、年収1000万円以上の人です。購入予定の物件が1億円以内でも、年収700万円以上は必要になっています。

かつては年収500万~600万円の人でも、3億円ぐらいまで借りることができましたが、今はかなりハードルが上がっている状態です。

年収1000万円以上の属性があれば、わざわざ金利の高い銀行で借りなくても、メガバンクや地方銀行、信用金庫など10行ぐらいはいけるのではないかと思います。仮に銀行から厳しい融資条件が出されたとしたら、他の銀行を当たってみればいいだけの話です。

また、年収が1000万円以下でも悲観する必要はありません。一定の条件が整えば、融資を受けることができる銀行もあります。物件によって使える銀行は複数あり、5000万円以下の新築物件であれば、一部のメガバンクや外資系銀行なども使えます。

このように個人の資産背景、購入予定の物件内容によって使える銀行は変わってくるのです。

銀行の種類一覧

メガバンク、都市銀行

大都市を中心に基盤を持ち、全国に支店を持つ規模の大きい銀行です。みずほ銀行、三井住友銀行、三菱東京UFJ銀行、りそな銀行の4行があります。

第一地方銀行

地方銀行は各都道府県に本店を置いて、各地方を中心に営業している銀行です。第一地方銀行は全国に64行あり、下のサイト内にある「地方銀行リンク」のページで一覧を確認できます。

『一般社団法人 全国地方銀行協会』http://www.chiginkyo.or.jp/

第二地方銀行

第二地方銀行は規模が小さめで、地域住民や地元の中小企業が主な顧客です。第二地方銀行は全国に41行あり、下のサイト内にある「会員行一覧」のページで一覧を確認できます。

『第二地方銀行協会』http://www.dainichiginkyo.or.jp/

信用金庫

信用金庫は「信用金庫法」によって設立された法人で銀行ではありません。営業エリアが地方銀行より狭くなります。信用金庫は全国に267金庫あり、下のサイト内にある「全国の信用金庫ご紹介」のページで一覧を確認できます。

『一般社団法人 全国信用金庫協会』http://www.shinkin.org/

政府系金融機関

政府からの出資によって特殊法人として設立された金融機関です。民間が融資しにくい中小企業などに資金を供給する役割があります。投資家が使えるのは日本政策金融公庫、商工中金です。

信用金庫の場合は、基本的には何かしらの取引実績がないとなかなか取り組みにくい金融機関です。また、取り扱いエリアも狭いため、お住まいのエリアや購入する物件のエリアも限定される場合もあります。

最近では、一部の信用金庫が積極的に不動産投資家に融資を行っているので、間口は以前よりも広がっていると思います。例えば、給与の振込口座を信金で開くなどして、あらかじめ取引実績をつくっておくのも有効な策でしょう。

不動産業者の言うことを鵜呑みにしてはいけない

融資を受ける際に気を付けなければいけないのは「不動産業者の言葉」です。

これは融資相談を受けた投資家さんの話です。この方は年収が約1500万円で、既に何棟か持っていました。将来は法人でやっていきたいという希望を持っていたようですが、不動産業者から「まず個人で物件を購入して、実績をつくった後に法人を立ち上げるべき」とアドバイスを受けたそうです。

しかし、この方の最終目標は10億円規模の投資です。この目標と年収、資産背景があれば、私は「最初から法人名義で買った方がいい」と判断しました。

その不動産業者は経験不足で法人融資を扱ったことがないのか、それとも単純に手間と時間がかかり面倒だからなのか理由はわかりません。ただ、不動産業者側からすると、法人ではなく個人名義の方が購入しやすいのは確かです。

例えば、A銀行には個人投資家向けのパッケージ商品があります。住宅ローンと同じような要領で融資審査も早く、非常に使いやすいローンです。これが同じA銀行でも法人名義の場合は事業性融資（プロパー融資）になるので、個人と比べて手続きや審査に時間がかかります。

もちろん、まずは個人で実績を積んでから、法人へ進めるという考え方もありますし、たしかにプロパーでも個人の実績を重視する金融機関はあります。

ただし、最終的には資産と負債のバランスを見ながら融資審査を行います。いくら個人の実績があったとしても、残債が大きければ融資を受けられない可能性もあるわけです。

個人・法人どちらの名義で借りるにしても、不動産業者の話だけを鵜呑みにして金融機関を決めないことが大切です。

個人と法人の融資の違い

不動産投資をはじめるときには、「自分の属性に対して、どの銀行が使えるのかを把握すること」も重要です。

一般的にサラリーマン投資家からすると、個人名義での融資が受けやすく、法人名義はハードルが高いようなイメージがありますが、実際のところでいえば、「個人・法人にかかわらず、銀行によって違う」ということです。

では、ここでは代表的な銀行の特徴を紹介しましょう。

いわゆる融資に積極的な銀行といわれているのがAタイプの銀行です。このタイプの銀行の場合、法人名義では借りにくいのですが、実際にはBタイプの銀行の方がAタイプより数多くあります。

法人名義では、個人の資産管理会社と見なされるため、法人だからといってハンディがあるということではありません。ただし、この法人では不動産賃貸事業を中心で行っているる必要があります。これが別の事業を行っていれば、事業用ローンといった別の扱いになります。事業用ローンでは3期分の決算書が必要となり、その内容も重要視されます。また、融資期間が10年から20年と短いケースもあります。

【銀行による特徴の違い】

◎Aタイプの銀行

・個人名義の融資では融資審査スピードが早く融資を受けやすいが、基本的に金利が高い。法人名義の融資では、金利が低いが、融資審査のスピードが遅く、融資を受けにくい。

◎Bタイプの銀行

・個人名義、法人名義にかかわらず、同様基準で審査を行い、金利などの条件も変わらないケースが多い。

※Aタイプの対策として個人名義で早々に契約し、その後法人ができ上がり次第、契約名義を個人から法人に切り替える方法もあります。

絶対にしてはいけない融資のパターン

不動産投資で気を付けたいのは、業者の煽りを真に受けて、借り換えを前提にムリな融資を組んでしまうことです。

ここ最近は、「とにかく、まず1棟買いましょう！」というスピード重視の風潮が強くなっています。さほど良くもない物件がすぐ売れてしまうため、不動産業者はパッと融資を受けることができる金融機関を薦めたがります。こうしてパッケージ化されたローン商品を持っている銀行ばかりが出てくるのです。

よくありがちなのは、物件の買い付けが殺到している中で「○○銀行でないと間に合わない」と不動産業者から煽られるパターンです。金利が高いので躊躇していると、「何年かしたら借り換えればいいんですよ」という決まり文句で後押ししてきます。

これは初心者の投資家が陥りやすい「嘘」です。本来の目的＝お金を増やすことを忘れてしまい、気が付くと「買うことだけ」が目的になっている悪いパターンです。

自分に合った銀行とは？

キャッシュで物件購入できるほど多くの資産を持っていない限り、不動産投資をはじめる際にもっとも気になるのは融資です。

①自分の属性が銀行から見て、どのように位置づけられているのか。

②いくらの自己資金が必要で、いくらまで借りられるのか。

この二つを常に意識することが重要です。

①に関して言えば、一番お薦めなのは直接銀行に行って融資基準を聞きながら、自分の属性を確認することです。

私のお客様に4年間で数十億円の規模の不動産投資をしている方がいます。外資系企業に勤めている高収入のサラリーマンなのですが、お昼休みになると必ず銀行面談に行き、どんどん自分で開拓していました。融資に関しては、不動産業者よりも精通されていました。

ただ、ここまでできる人は限られています。

一般的なサラリーマンであれば、なかなかお昼休みの時間もないでしょうし、それなりに行動力が必要とされるので、同じことをするというのはハードルが高いと思います。そうなってくると、やはり知識を持っている人に聞くのが早いでしょう。

融資の知識を多く持っているのは不動産業者と、経験豊富な投資家です。とはいえ、誰か一人の話を鵜呑みにするのは危険です。特に不動産業者の場合は、複数の会社についてリサーチすべきです。

リサーチをする方法は、まずホームページなどで投資向けローン商品を確認して、目ぼしい銀行をピックアップします。そして、不動産業者や投資家から各銀行の特徴や審査基準などを聞いてリストを作っていきます。そうすることで自分に一番適した銀行はどこなのか、おおよそは把握できると思います。

不動産投資というのは物件を買うことよりも、事前にしっかりとした市場調査とシミュレーションをして、融資の戦略を練ることが重要です。マーケットを見極める力を身につけた上で、自ら物件や銀行を選ぶということを肝に銘じておきましょう。

借りる順番も大切。銀行の選び方

物件を買い進めていくためには、将来を見据えた銀行選びをしなければいけません。

最新の銀行情報を入手した後は、自分の属性や購入予定の物件によって、どの銀行が使えるのかを確認します。

銀行にはそれぞれ一定の融資条件が設定されており、年収や物件エリアなどが決まっているケースも多いです。自分がその条件に合わない場合は、新たに別な銀行を探していきます。

銀行選びで大切なのは、自分が将来的にどのぐらいの事業規模を目指しているのかということです。不動産投資はより少ない資金で、レバレッジをかけながら資産を増やすことが基本です。

例えば、A銀行の融資可能額は、他の借り入れを含めて年収の10倍までと決まっています。仮に年収1000万円の人が、1棟目でB銀行から1億円の個人融資を受けているとします。そうすると、2棟目でA銀行を使うことはできなくなります。

逆にC銀行の場合は、ほかの借り入れがあっても関係ありませんが、その銀行内での上限額があります。法人名義であれば、また別の基準があります。

このようにそれぞれ銀行によって違いがあるため、最初にどの銀行で融資を受けるのか順番も考えなければいけないのです。ただし、いくつかある法人スキームを行う場合では、あえてこの順番を無視するやり方もあります。

特定の不動産業者の話だけに囚われてはいけません。また、有名投資家の手法に固執することもお薦めしません。

とにかく自分に則した情報をとにかく集めることです。本当に失敗したくないのであれば、やはりそこまで徹底するべきだと思います。

コネクションを活用して有利な融資条件を引き出す

融資において有利な条件というのは、単純に金利が低いということだけではありません。融資期間や融資額の上限、頭金（自己資金）の有無などさまざまな項目があります。

その人の資産バランスや購入する物件によって、どういった条件の組み合わせがベストなのかを判断していきます。

まずは自分である程度の融資状況を把握した段階で、信頼できる不動産業者と組むのがいいと思います。販売実績のある不動産業者であれば、既に提携している銀行があったり、担当者レベルで強力なコネクションを持っていることもあります。

ちなみに当社では、いくつかの銀行と提携しています。通常の金利基準から最大で１％

金利が下がります。不動産業者ごとに持っている銀行のパイプは違いますが、最善の選択ができるように動いてくれる不動産業者とタッグを組みましょう。

融資に強い不動産業者の見分け方

融資に強い不動産業者の見分け方は、直接会って話してみるしかありません。不動産業者と話をしたときに、どれだけの数の銀行名が出てくるかがポイントです。1行しか提案してこないような場合は、いっそ取引をやめた方がいいかもしれません。

私のお客様の例です。2年ほど前にご相談に来られましたが、当初A銀行から個人名義にて4棟購入しており、総借入額は約5億円でした。その方はさらに購入を進めていきたかったのですが、どこの銀行も貸してくれないというご相談でした。

この人は年収も高く金融資産も持っており、かつ目標としている投資規模も大きかったため、法人での購入を提案しました。そのためには個人名義で所有している物件を全て売却しなくてはいけなかったのですが、時期的なこともあり、うまく売り抜けることができました。

不動産投資の仕組み　組み合わせと順番が大事

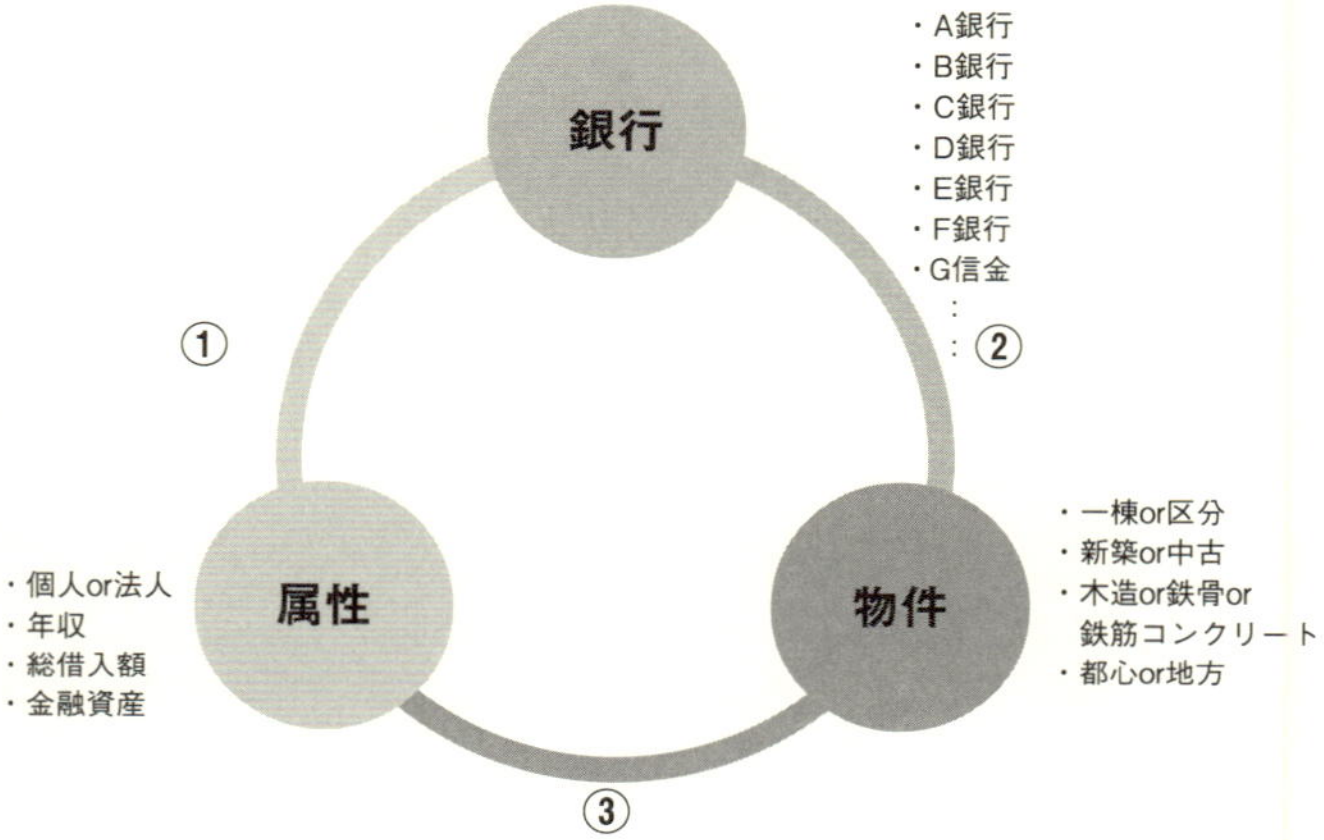

それから、この人に適した銀行の使い方をして、最近では20億円ほどの規模になっており、今でも拡大しています。

最初からこの不動産投資の仕組みを理解していればと当初は言っておられましたが、うまくリカバリーできたことに満足していただいております。

不動産投資の仕組みは、「①属性―銀行」「②物件―銀行」「③属性―物件」とトライアングルのようなバランス関係にあります（上図を参照）。この不動産投資の仕組みを理解していると、融資を理解している業者かどうかの見分けができるでしょう。

●「①属性―銀行」の関係

属性では、「年収」「残債」「金融資産」を

不動産投資の仕組み　個人の場合だと順番が大事

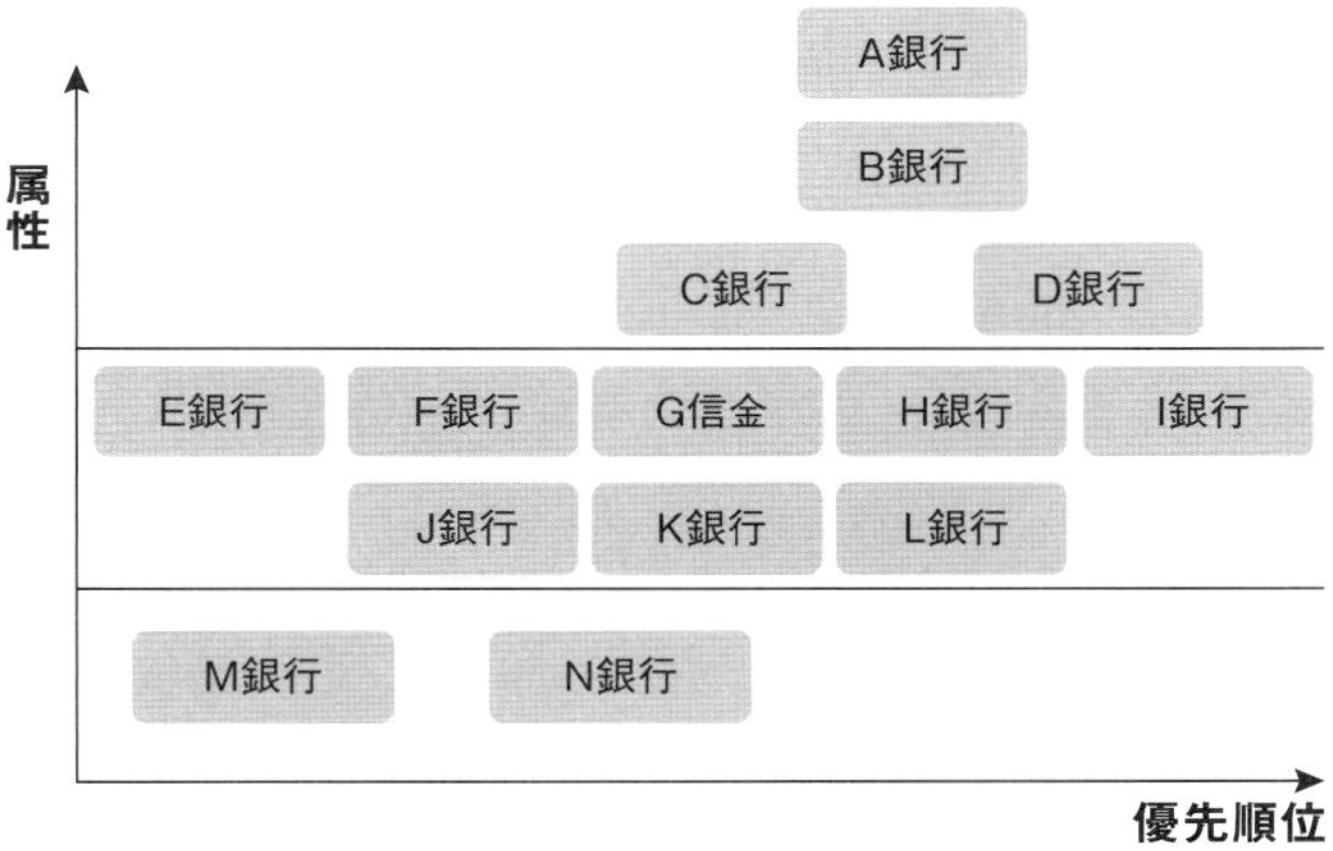

確認して、そこから使える銀行が定まってきます。また、法人名義か個人名義かでも使える銀行が絞られてきます。法人名義で使える銀行が多い場合、その銀行に対して法人を設立して買い進めることが規模拡大のキーとなり、法人でなく個人で買い進めるケースでは、どの銀行から融資を受けるべきかという順番が重要です（上図を参照）。理由は先述したように銀行ごとに融資基準が違うためです。

法人名義で購入する場合、やり方はいくつかあります。手法によっては多くの物件をスムーズに購入することが可能ですが、賛否両論があるため、詳細は割愛します。

ヒントとしては、「法人の住所を自宅以外にすること」「役員報酬を受け取らないこと」などのように、いくつかの条件があります。

いずれにしても、資産の組み換えのしやすさ、節税などを考えると、個人名義ではなく法人名義での購入が不動産投資においては好相性だと思います。

ただし、個人属性によっては、法人名義で使える銀行が限られてしまうケースもあります。その場合は、個人名義を選択します。

●「②物件―銀行」の関係

先述した通り、銀行によって物件評価が変わるため、各銀行に適した物件選びを行います。

物件の種別には大きく分けて、「1棟or区分」「新築or中古」「木造or鉄骨or鉄筋コンクリート」「都心or地方」の組み合わせの種別があり、選択した銀行の物件評価方法からどの種別がいいかを選択し、その物件種別の中で一番良い物件を探していきます。

よく失敗する例としては、物件から入ってしまうパターンです。地方の高利回りの築古RCマンション等が好例ですが、その物件に対して融資をつけられる銀行は限られてくるため、融資の順番などの戦略が無視された買い方になります（P40の図を参照）。

物件種別ごとのメリット・デメリット

一棟or区分

一棟

メリット

- 担保評価が出やすい
- 出口戦略の方法がいろいろある
- 運営費比率が区分に比べて低い
- 自販機などの雑収入がある

デメリット

- 修繕の費用がかかる
- 立地条件が区分より劣る場合が多い

区分

メリット

- 修繕費用は積立金があり、一度には発生しない
- 価格帯が低い
- 一棟と比べると好立地の場合が多い

デメリット

- 担保評価が低い
- 出口が基本的には中古での売却のみ
- 雑収入がない

都心or地方

都心

メリット

- 空室リスクが低い場合が多い
- 賃料の下落率が低い場合が多い
- 賃料水準が高く、修繕費等の負担率が低い
- 部屋の面積が狭くても需要がある
- 入居者のバリエーションが多い
- 土地の価値が高い

デメリット

- 利回りが低い
- ある程度の自己資金が必要な場合がある

地方

メリット

- 利回りが高い
- 積算評価が出やすい

デメリット

- 空室リスクが高い場合がある
- 賃料の下落率が高い場合がある
- 賃料水準が低く、修繕費の負担率が高い
- 土地の価値が低い
- 需要と供給のバランスや人口などをしっかり調べる必要がある

新築or中古

新築

メリット

- ローンの期間が長い
- 建物減価償却期間が長いので長期にわたって償却可能
- 当初の賃料設定では新築プレミアム（相場より高い）の賃料設定
- 修繕などのランニングコストが低い
- 10年保証

デメリット

- 賃料の下落を考慮しなければならない（中古以上の家賃）
- 元金が減りにくく、担保余力が低い（積算評価）
- 一度の減価償却費が低い

中古

メリット

- 家賃の下落が止まっている（適切な保守が必要）
- 一度の減価償却費が高い
- リフォームによる差別化ができる可能性がある（資本改善）

デメリット

- ローン期間が短い場合が多い
- 減価償却期間が短い
- 賃料が低水準
- ランニングコストが高い場合が多い

構造

RC　耐用年数47年

メリット	デメリット
●構造的に長期にわたって運用できる(災害にも強い) ●減価償却期間が長い ●木造より賃料水準が高い ●耐用年数が長いため出口がとりやすい場合が多い	●建築コストやメンテナンス費用が高い ●償却期間が長いので一度の償却費が低い ●出口での建物解体費が高い

鉄骨　耐用年数34年

メリット	デメリット
●木造より耐用年数が長い ●木造より減価償却期間が長い ●木造より賃料水準が高い	●建築コストやメンテナンス費用が高い ●償却期間が長いので一度の償却費が低い ●出口での建物解体費が高い

木造　耐用年数22年

メリット	デメリット
●改築、建て替えがしやすい ●建築コストやメンテナンス費用が低い	●運用期間が短い ●賃料水準が低い ●評価が出にくい ●新築以外融資期間が短い

●「③物件―属性」の関係

物件種別はさまざまですが、どの種別が良いというものではなく、それぞれにメリット・デメリットがあるため、いろいろな種別の物件でポートフォリオを組むことをお薦めします。

ただ、「新築区分」という物件種別では、投資として合わないケースがほとんどのため、注意が必要です。もちろん、出口でキャピタルが出て最終的に資産を増やしたケースもありますが、それはレアケースで投資としては成り立たないケースが多いのです。

また、節税部分を考慮してシミュレーションして出口まで見ても合いません。むしろ購入しなかった方がいいことが多いので、しっかりと出口まで見て投資をするかどうかを決めましょう（新築区分以外の物件種別であればどれもメリット・デメリットがあり、どれがベストというものはないので、いろいろな種別を購入していく考えも持ち、使う銀行の物件評価の基準に合わせて探していくのが好ましい／43ページの図を参照）。

投資の基本――「同じ籠に卵を入れるな」を実践することです。投資の基本である分散投資は不動産投資でも同様です。

きちんとした不動産業者であれば、まず年収と自己資金、住宅ローンや既存の投資物件の借り入れがどれだけあるか確認して、数ある金融資産の中でどういう銀行が使えるかを検討した上で、必ず複数の銀行は提案できるものです。それができない不動産業者とは付き合うべきではないと考えます。

第2章

有名投資家の嘘
「私のやり方を真似れば大儲けできます！」は嘘

◯大家さんという実態のない有名投資家たち

自身の成功体験をもとに、本を出版している有名投資家さんは数多くいます。その投資家のやり方を真似すれば、あたかも成功できそうに思えますが、それは大きな誤解です。まず、次の2点をしっかり考えてください。

①その投資法で本当に成功しているのでしょうか？
②その投資法は再現性があるのでしょうか？

有名投資家の実績や数字の出し方には偏りがあります。

例えば「利回り20％超え」などといった、初心者からすると、「羨ましい！」「すごい！」と驚くような数字が並んでいますが、それは満室想定ではないでしょうか。

満室想定というのは、読んで字のごとく「満室になったときの想定家賃」です。つまり、その物件が満室稼働していなければ、その利回りになりません。いくら利回りが高くても、稼働率が伴っていなければ意味がないのです。

また、その利回りは表面利回りでしょうか。それともFCR（真実の利回り）でしょうか。その多くは表面利回りで、場合によっては、その物件を維持するためのランニング費用を加味せずに、利回り計算されていることもあります。

さらに、その物件の融資条件と出口戦略はどうなっているのでしょうか。融資期間や金利の条件により、ローン支払いが多く、キャッシュフローが出ていない場合もあります。仮にキャッシュフローが出ていたとしても、1年で見ている「スナップショット（写真）」であり、出口までシミュレーションした「ビデオ」で見てみると、投資として合ってない場合もあります。

再現性というのは、その有名投資家の手法を実際に自分でもできるのか、ということです。よくある例をあげれば、「8500万円の物件を7500万円に指値した」というのは、交渉術に長けた有名投資家だったからであり、そういった交渉は誰もが成功するものではありません。

もしくは、その当時の市況はどうだったのかというのも重要です。

現在（2016年5月）のような全体的に高くなっている相場と、リーマンショック直後や東日本大震災直後では、まったく市況が違います。

キャッシュフローツリー

GPI（満室賃料）
－空室・未回収損

＝EGI（実行総収入）
－Opex（運営費）

＝NOI（営業純利益）
－ADS（年間ローン返済額）

＝BTCF（税引き前のキャッシュフロー）

表面利回りとは?

表面利回りとは、満室時の年間家賃収入を物件の購入価格で割ったもので、この数字から投資の収益性を判断します。

GPI（満室賃料）÷ 物件の購入価格 × 100 ＝ 表面利回り

FCR（真実の利回り）とは?

FCR（真実の利回り）はGPI（満室賃料）から管理費や清掃費用、固定資産税といったOpex（運営費）を引いたNOI（営業純利益）で計算します。

NOI（営業純利益）÷ 物件の購入価格 × 100 ＝ FCR（真実の利回り）

※FCRについては詳しく後述します

カリスマといわれる投資家の中には、今のようにサラリーマンが簡単に融資を借りられない状況の中、自らの手で銀行開拓をして買い進めていた投資家も多いのです。借りられない状況だからこそ、良い物件が安く買えている、そんな事情もあります。そのやり方をそのまま真似ても、うまくいく可能性は低いと思います。

また、年収や金融資産、家族構成や背景もまったく異なります。

その他よくある誤解でいえば、「500万円かかるリフォーム費用を200万円に抑えた」という武勇伝です。

資産数億円を持ち、100戸以上も所有する不動産投資家と、1棟目を購入したばかりの投資家が、同じだけのサービスを受けられると思いますか。常に入退去があり、保有している物件のメンテナンスや大規模修繕を定期的に発注している、いわば大口の顧客だからこそ、低コストでのリフォームが可能なのです。

物事には、必ず理由があります。それが「その投資家だからこそ」「その時代だからこそ」といった特別な事情であれば、「再現性はない」と判断するのが賢明です。

書籍の情報を信じ込んでしまい、「高すぎる投資基準で物件が買えない」「無理な指値をして相手にされない」「相見積もりをたくさんとって不毛な金額交渉を行う」そんな投資家が後を絶ちません。

また、書籍はもちろん、ブログやSNSで情報を開示していても、全てを話しているとは限りません。失敗談は隠して成功談だけを語っている可能性も多くあります。

本当に真実を言っているのか、それとも誇張しているのか、嘘は言っていないけれど事実をすべて述べていない――それはよくあることなのです。

有名投資家たちがよく使う三つのキラーワード

さて、本を出版して講演を行ったり、コンサルティングを行う有名投資家たちの発言には、いくつか共通したキラーワードがあります。

①不動産投資は不労所得です！

②私のやり方を真似すれば必ず成功します！

③サラリーマンを辞めてリタイアしました！

実はこの三つのキラーワードに、有名投資家たちの嘘が含まれているのです。

それぞれ解説しましょう。

① 不動産投資は不労所得です！

有名投資家がセミナーなどでよく使うのは、「不動産投資は不労所得」という言葉です。日本では、家賃収入を「不労所得」といいますが、アメリカでは「受動所得」または「ポートフォリオ所得」という言い方をします。

不動産投資をはじめる目的として一番多いのが、この不労所得です。サラリーマンでありながら不動産で家賃収入を得て、やがては会社を辞めて不労所得で生活することを夢見る人がたくさんいます。不労所得＝年金代わりという発想が近いかもしれません。

しかし、不動産投資はけっして「不労」ではありません。不労という響きは誤解を招きやすい言葉ですが、最近の新規参入者を見ていると、本当に何もせずお金が入るようなイメージが強くなっていると感じます。

当たり前のことですが、手放しで安定的にお金が入ることはありません。

不動産投資では管理運営から修繕、会計といったことまで、すべてをアウトソーシングできる仕組みが整っていますが、その前段階として円滑に運営するためのオペレーションを整えて管理していく作業があります。

また、さらなる事業規模の拡大を狙って物件を買い増すときは、最初から仕組みをつくっていく作業が必要です。仕組みを整えた後は自動操縦で運営するという意味では不労所得ともいえますが、最初からお金を生み出す自動販売機が買えるということはないのです。長期的に賃貸事業としてやっていくことを考えると、不労ではなく受動所得の方がしっくりくるのではないでしょうか。

私は「不労」という言葉に惑わされることなく、時間とレバレッジを生かした堅実経営を目指すべきだと思います。

また、融資の特性上、個人の属性で融資をしていることもあり、サラリーマンを辞めたことによって、購入が厳しくなることもあります。

すでに購入した物件だけで安定的に家賃収入を得るという考えもありますが、それは間違いです。

不動産投資は出口で初めて利益が確定します。持ち続けている以上は建物が老朽化していきますので、小規模の修繕から大規模修繕なども考慮しなくてはいけません。不動産投資は出口を迎えた段階で資産を組み替える手法が正しいやり方です。

不動産投資の特徴は、レバレッジが効き少ない資金で投資ができることで、将来にわたり購入当時の収入が安定的に入ってくる投資ではありません。

後述しますが、安定的に収入が入ってくる投資としては投資信託などを選択されるのも良いかもしれません。不動産投資とは違いレバレッジが効かないため、ある程度の資金が必要であるためCCR（自己資本収益率）が低くなりますが、換金性は高いため組み替えも容易であるのが特徴です。

②私のやり方を真似すれば必ず成功します！

二つ目は「私のやり方を真似すれば成功します」という言葉です。

初心者がよく誤解してしまうのは、次のようなケースです。

「物件を何棟も所有している」

「本をたくさん出している」

「投資歴が長い」

その結果、「すごい・偉い・成功している」そんな風に思ってしまいがちです。

しかし、所有物件を何棟も持っていようとも、キャッシュフローと残債と資産価値のバランスを見なければ、本当に成功しているのかどうかは判別つきません。

書籍を出版しているといっても、実際に読んでみると、物件概要や数字について明確に示されていないこともあります。

サラリーマン投資家という言葉がまだ世の中に浸透していない十数年前から投資をスタートしていただけで、実際はそんなに儲かっていないのでは？　と思われる人も実際にいます。

先駆者という意味では価値があるかもしれませんが、成功を見極めるポイントはどのようにして物件を購入したのか、資産がどのぐらい増えたのかです。

究極的にいえば、物件を売却しない限り、利益を確定することはできないのです。購入・運用・売却――これらを繰り返して資産の組み替えをしながら、結果的にどれだけ儲かったかということが大事なのです。

また、不動産投資における成功の着地点は、人それぞれです。

まったく同じ条件の物件が存在しないのと同様に、不動産投資のやり方は多種多様です。有名投資家の手法をそっくりそのまま真似することは不可能ですし、仮に真似することができたとしても、それが自分にとって最良のやり方だとは限りません。

そもそも、その有名投資家が本当に不動産投資の成功者かということを判定するためには、「その人は何で収益を得ているのか」を知る必要があります。本当にキャッシュフローで生活しているのか。それとも、コンサルティング料や講演料で生活しているのか。それとも、不動産業者や建築業者からの紹介料で生活しているのか。同じようにセミナーや勉強会を行っていても、そこにスポンサーがいるのか、それとも自分自身で開催しているのか――。

最近は、多くの不動産投資セミナーが開催されていますが、「高額ではあるけれど、誠実なセミナー」があれば、「お得なように見えて、特定の物件を売りつけるセミナー」が混在しています。

不動産業者のセミナーでは「騙されないぞ」と警戒する投資家の皆さんなのに、有名投資家のセミナーでは、「自分たちと同じ仲間だ！」と無条件に信じ込んでしまう。私は本当に危険に感じます。

もちろん、有名投資家のすべてを指して「人を騙すような悪い人間だ！」と批判するつもりはありません。実際、当社でもお付き合いのある有名投資家さんがいますが、信頼のできる人が大半です。

中には、自分の利益だけを優先する人もいます。世の中に善い人もいれば悪い人もいるように、有名投資家だからといって、全ての人が信頼に足る人間とは限らないのです。

③ サラリーマンを辞めてリタイアしました

三つ目は「サラリーマンを辞めてリタイアしました」という言葉です。

これをわかりやすく言い換えると、「不動産投資でサラリーマン年収を上回るキャッシュフローが安定的に得られそうなので、会社を辞めて悠々自適に暮らす」ということです。

投資にはいろいろな種類と特徴があります。

不動産投資は数ある投資の一つであって、物件を所有し続けて得られるお金を年金代わりにするような性質のものではありません。

例えば退去者が出れば、すぐに修繕を依頼して、入居者の募集をしなければいけません。建物全体のメンテナンスも定期的に必要となります。このように物件を持っている限り、常に何かしらの労働力を投下しなければ家賃収入は得られないのです。

将来的に安定的した収益を得ることを目的とするのではなくて、資産の組み替えを前提とした運用――それが不動産投資なのです。

SNSで憧れの生活を披露したり、楽しく過ごしているように見えても、それは有名投資家のブランディングの一環という可能性もあります。

先ほどの不労所得にも通じますが、賃貸業は決して安定的な収入ではなく、物件の出口が決まっていない限りは利益が確定していません。

実際にリタイアしてうまくいっている有名投資家の多くは、今でも物件の売買を繰り返しながら、資産の組み替えを絶えず行っています。つまり、経営者として常にしっかり働いているということです。

現場で汗して働かずして、遠隔でコントロールできる、そういった点では確かに不動産投資は場所を選ばず、たとえ遠隔地（海外など）にいても経営することはできます。そうした仕組みを整えられることが、不動産投資における最大のメリットではありますが、それは決して「リタイアして悠々自適」ではないのです。

成功している投資家とは、その仕組みをしっかりとつくり上げ、円滑に経営できている投資家です。

あなたも成功したいのであれば、リタイアを目指すのではなくて、有能な経営者を目指しましょう。そして、決して有名投資家の一側面だけを見て判断することはせずに、不動産投資というビジネスをよく理解した上で、何が最適な投資方法なのかを考えましょう。

有名投資家と不動産業者の大きな違い

高額なコンサルティング料の有名投資家も、無料で親身にアドバイスしてくれる不動産業者も、根っこの部分では同じです。

不動産業者と有名投資家のもっとも大きな違いは、責任の所在の有無です。

不動産の売買仲介や賃貸仲介といった宅地建物取引業（宅建業）を営もうとする場合、宅地建物取引業法の規定により、国土交通大臣または都道府県知事の免許を受ける必要があります。その免許のことを略して宅建免許といいます。

宅建業を行っていく上で、もし違法行為があれば厳しい罰則を受けることになります。行政処分には「業務改善のための指示処分」「業務停止処分」「免許取消処分」があります。また、宅建業者は、事務所ごとに従業員の5人に1人以上の割合で、専任の宅地建物取引士を置くよう、法律で義務付けられています。

私の個人的見解で言えば、5人に1人という制度というのは、甘いような気がします。実際には名義貸しも少なからずあるのが現実です。業界自体を良くするためには、もう少し要件を厳しくするべきと考えています。

宅建業免許とは

宅地建物取引業（宅建業）を営むために必要な免許。「国土交通大臣免許」もしくは「都道府県知事免許」があります。

「国土交通大臣免許」では「国土交通大臣（×）第○○○号」、「都道府県知事免許」では「○○県知事（×）第○○○号」と表示されます。（×）の中の数字は更新にするたびに増えていきます。具体的には1996年までは3年ごとに、それ以降は5年ごとに更新するごとに数字が増えます。

不動産会社が宅建業の免許を受けるためには、専門家である宅地建物取引士を一定数以上確保しなければいけないことになっています。

宅地建物取引士（旧宅地建物取引主任者）とは

宅地建物取引士とは、国家資格である宅地建物取引主任者資格試験または宅地建物取引士資格試験に合格した上で、都道府県知事の登録を受けて、宅地建物取引士証の交付を受けた不動産取引にかかわる知識を有する流通の専門家です。

宅地建物取引士は国家資格で、実務経験2年以上もしくは登録実務講習を修了した者に交付されます。宅地建物取引士証の有効期限は5年間で、5年ごとに法定講習の受講と宅地建物取引士証の更新が必要です。

他にも、法人設立する、事務所には専用入口が必要、業界団体への加盟といった義務が多数あるのです。

当たり前のことですが、仲介業を行って手数料という利益を得る不動産業者は商売として行っています。一方、有名投資家は、直接の利害関係がなく「公平なスタンスだから信頼できる」と思われるかもしれません。

しかし、それは大きな誤解です。コンサルティングを行う不動産投資家の中には、ただアドバイスを行うだけの人もいれば、コンサルタント業として投資相談を受けながら、物件や不動産業者を紹介して、不動産業者や建築会社に紹介料をもらっている人もいます。

そうなると、やっていることは不動産業者と同じです。それでいて、宅建業者のように守るべき法律もなく、その責任を負う義務もないのです。

ただ、これは別に悪いことだとは思いません。本来ならば自分で物件を探す労力と判断力、最低限必要とされる知識を得る努力を一切せずに、丸投げしているのですから当然の手間賃だとも思います。

問題は、そういった責任のない人間に対して、数千万、数億円規模の投資を丸投げしていることを自覚していない投資家です。

不動産投資は全てが全てうまくいくとは限りません。後から「騙された！」と騒いでも後の祭り。あくまでも有名投資家に下駄を預けると決めた本人の責任です。だからこそ、投資家自身がきちんとした知識を身に付けることが必要不可欠なのです。

有名投資家はあくまでも投資仲間の一人

有名投資家は先生でもメンター（指導者）でもなく、あくまでも投資仲間として情報を共有できる人です。利害関係のない大家さん仲間の会はたくさんありますから、互いにモチベーションを高め合える同士として、情報交換できる仲間を増やすのがお薦めです。

その際のポイントは、なるべく自分と同じスタンスの投資家を見つけることです。年齢、属性、資産背景、目標——全てがぴったり当てはまる人は、なかなかいないと思いますが、自身と重なるほど、その人の不動産投資は参考になります。

また、大家さんの会でも、地域を限定した会から、同じ手法を学ぶ会、投資目標を同じくする会などさまざまな会があり、中には偏った投資法のみを推奨する会もあります。

初めのうちは、なるべくさまざまな属性の方が集まる会、不動産投資手法についても「〇〇でないといけない」といった決めつけをしないバランスのとれた会を選びましょう。

迷いがあり、どうしても仲間では物足りない。やはり有名投資家や不動産コンサルタントに相談したい、高額な投資クラブに入りたい、といった場合の見極め方ですが、本名やプロフィール、顔写真など、そういったものをきちんと出しているのか、というのは基準になると思います。

法人であれば、事務所の所在地や責任者が把握できますから、それなりに責任を持った形での情報発信を行っているという一つの目安になります。

逆に信用できないのは、○○大家さんなどといって、連絡先はおろか顔もわからず、名前も本名かどうかわからない相手です。そういった方のセミナーやコンサルティングこそ、注意が必要です。

どちらにせよ、有名投資家のやり方をそのまま真似しないことが大切です。一人ひとりの属性と目標が違うため、現実的に真似することは不可能だからです。

自分で情報収集した結果として、同じことをやるというのは有効だと思いますが、信用してすべてを丸投げするのは本当に高リスクです。最終的には必ず自己判断で行いましょう。

第3章

不動産業者の嘘

「業者の〝この物件は利回りが良いのでお薦めです〟」は嘘

高利回りの嘘

利回りが良いので購入したが、蓋を開ければ空室だらけ。高利回りは嘘だった――そんな話をよく耳にします。

最近では、地主向けではなくて投資家向けの新築アパートも人気がありますが、そういった新築メーカーの収支シミュレーションには、やや甘い部分があります。

まず、家賃設定自体を高くして、表面利回りを上げています。新築の場合は、当然ながら全空で、誰も入居していないので家賃をいくらでも高く言えるのです。

また、実際に高くしても、1回目でしたら新築プレミアムがあるので満室になる可能性があります。新築物件には「未入居の新築の部屋に住みたい」という一定のニーズがあり、多少相場よりも高い家賃であっても、新築だからというだけで入居が付きます。

しかし一度でも入居したら、それは中古物件です。新築プレミアムは長くは続きません。

最悪のケースでは、竣工して募集したところ、その家賃ではなかなか入居者が付かずに、「結局家賃を下げざるを得なかった」という話もあります。

事前の説明で「○%の家賃が見込める」と聞いていたのが、蓋を開けたら○%よりも低い△%を切っていた——そんなことも起こっています。

長期的にはその高い家賃は見込めないにもかかわらず、見込みが甘い数値を見せて、投資家もそれを信じて買ってしまう。それは嘘ではないかもしれませんが、言葉通りに受け取ってはいけないことではあります。

地方の中古一棟物件でよく聞くのは、高利回りに見えて、修繕費やランニングコストがすごくかかるケースです。修繕費はどの物件にもかかるもので、中古物件では必ず起こり得るリスクですが、購入してすぐに給水ポンプ、エレベーターといった高額な設備が壊れたら悲惨です。

また、ファミリー物件では長期入居していた入居者が退去となると、居室が広いこともあり、多額の原状回復費用がかかります。もし、数室が続けて退去してしまえば、数百万円のリフォーム費用がかかることもあります。

しかも、直さなければ次の募集ができませんから、その資金繰りは急を要するのです。このように想定外の出費が続くことで収益を圧迫します。

積算評価が高い物件は固定資産税・都市計画税が高く、エレベーターが付いている物件は電気代や保守点検費用が高いものです。それらのコストを差し引いたＮＯＩ（営業純利益）で計算した利回りＦＣＲが「真実の利回り」となります。

物件を判断する利回りは、表面利回りではありません。真実の利回りであるＦＣＲで判断するようにしましょう。

業者のつく「嘘」とは

このような話をすると、不動産業界は嘘ばかりと思うかもしれませんが、実は不動産業界において明らかな嘘、騙しというのは、さほど多くありません。

例えば、物件の瑕疵（重大な欠陥）を秘密にしていたりするのは嘘ではなく犯罪です。不動産取引のルールは法律で定められていますから、調査を怠るのも業法違反になるわけです。つまり、嘘で終わるレベルではなく、法を犯すことになってしまいます。

売買仲介の業者は、手数料をいただいて仲介業務を行っているわけで、その調査がいい加減であってはいけないのです。業法違反のような特殊な事例を除けば「嘘」は、そんなに多くないような気がします。嘘というよりは、「真実を言わない」という言い方の方が正しいのかもしれません。

最近よく聞くのは、いくつかの金融機関が使えるのに、それを一切伝えず、ある特定の銀行のみを薦める不動産業者の存在です。本当に不動産投資の利益を考えるのであれば、その銀行はふさわしくないのかもしれない。それにもかかわらず、融資が通りやすい、つまり販売しやすい、楽をして手数料を稼ぎやすい選択肢のみを提示するのは、良心的ではないと感じます。

もしかして、他の銀行が使えるのを黙っているのではなく、本当に無知で他の金融機関を知らないというケースもあるかもしれません。

法人名義についても同じです。有効なスキームを隠しているわけではなく、知識不足、経験値のなさから「知らない」ということもあるのです。

前述した新築区分マンションは、節税している部分を考慮してもトータルの収支としては不動産投資としてなりたたない場合が多いです。

高所得のサラリーマンや医師や弁護士といった方が、不動産で出たマイナスで還付金を受け取るのは、不動産投資の儲けではなくて、あくまで税金が戻ってきたという話です。

それを指して「儲かります」というのは、明らかな嘘です。スナップショットで見れば、節税ができていても、新築区分マンションは値下がり幅が大きく最終的には損をする可能性が高いため、ビデオで出口まで見ていくとマイナスになる可能性が高いです。

その他をあげれば、「見込みが甘い」というのは、ありがちなケースです。新築区分マンションでいえば、利回りの根拠となっているシミュレーションが甘いように思います。区分マンションでは必ずかかる経費、管理費・修繕積立費を計算しないのは、いい加減すぎますが、固定資産税・都市計画税などを入れずに計算している業者は多くいます。

また、地主さん向けの大手アパートメーカーでも多いのですが、収支シミュレーションで家賃が30年経ってもまったく下落しない設定になっていることもあります。

新築物件の家賃は相場家賃より高く設定されるのが一般的で、新築家賃は入居者が入れ替われば、下がっていくものです。ましてや、新築・築10年・築20年・築30年のアパートが同じ賃料で貸し出せるのは、まったくもって現実的ではありません。

エリアによって需要と供給のバランスが変わり、下落率も同様です。現在の募集条件と過去の成約事例といったデータを見れば、ある程度の下落率がわかります。

30年もの間、ずっと同じ新築家賃で入るようなシミュレーションで立てる業者というのは、見込みが甘すぎます。

こういった業者に都合のいいシミュレーションを信じた地主さんが、後に収支が合わなくなった結果、持ち続けられなくなって売却するケースはよくあることで、そういった物件を投資家が購入しているという現実があります。

いくら高利回りでも支出が多ければ赤字になる

さらに積算評価が高くて融資を受けられたという物件にありがちなのは、固定資産税・都市計画税（以下、固都税）が高いということです。

税金は必ずかかってくるもので、常識と言っていい部分です。本来であれば、仲介業者がそれを教えるべきなのですが、物件資料を見せてもらうと、結構、固都税については書かれていないものがあります。

特に固定資産税というのは、地方の大型物件の方が高い場合があります。中には、その物件の収益の1カ月分以上になることがあります。

不動産取得税などの話も、しっかり説明していない不動産業者もいるようです。不動産取得税というのは、不動産を買ったときに払う税金ですが、それは購入時にかかるのではなくて、3~4カ月後といったタイムラグがあって請求があります。この存在を知らない方もいるので購入時に伝えるべきですが、想定していない人も多く、あとから慌てる人も少なくありません。

いくら高利回りで多くの家賃収入を得られても、それを上回る出費があれば意味がありません。このように高利回りであっても、儲からない物件は存在します。

不動産業者が「この物件は高利回りでお薦めです」という場合では、その家賃が適正なのか、また想定外の出費がないか、物件を維持するためのランニングコストが高額でないか、税金はどれくらいかかるか、しっかり見極める必要があります。

利回り30％でも赤字を垂れ流す物件

不動産投資家にとって、利回りは大きな指標です。「利回り10％の物件が欲しい」といった希望をよく聞きます。

利回りが高ければ、多少の難点は目をつぶる――そんな投資家もいるでしょうが、私は利回りだけに囚われるのは危険だと考えます。

これも勉強している投資家であれば引っかからないと思うのですが、区分マンションには管理費・修繕費・積立費などの経費がかかります。地方の区分マンションでは、100万円を切るぐらいの安さで、表面利回りが30％くらい出る物件も見かけます。

ところが、蓋を開けてみると、管理費・修繕費・積立費などの方が明らかに高くて、それをカウントすると、毎月マイナスが出てしまうケースもあるのです。

地方では家賃が安すぎてしまい、家賃よりも管理費、積立金の方が高いケースも多いのです。だから本当に「タダでもいらない」物件になっています。

また、「こんなに安く購入できる！」とテレビで話題になるような、スキー場や温泉地にあるリゾートマンション物件には、１００万円、２００万円といった、信じられないくらい安いものがあります。

しかし、よく確認してみれば温泉の権利や管理費が極端に高く、毎月管理費で5万円以上もかかる物件がほとんどです。

賃貸に出しても、家賃よりも管理費が高いですし、別荘として持っていて毎月それだけの維持費がかかるなら、そのお金でさまざまな旅館に泊まった方がよほど楽しいでしょう。つまり、これも「タダでもいらない」物件なのです。

ランニングコストというのは、家賃の内の結構な割合を占めてきます。特に区分マンションの場合はそれを計算に入れていないと、本当の赤字物件になってしまいます。

そういったことは、もちろん投資家自身もしっかり把握する必要がありますが、売買仲介する不動産業者がしっかり提示するべきです。

購入を煽ることばかりを言って、諸費用・月々の固定費用について、しっかり説明しない業者であれば、そこは「嘘つき」とは言わないまでも良い業者ではありません。

ですので、前述の表面利回りではなくFCR（真実の利回り）で物件を判断することをお勧めします。

不動産投資の指標

不動産投資で稼ぐ仕組みを考えた場合、やはり一番大事なのは、NOI（営業純利益）です。

1年分の満室賃料を、物件価格で割った表面利回りで紹介する業者が圧倒的に多いのですが、実際の収益は、その物件によって違いますから、やはりきちんとシミュレーションする必要があります（FCRについての概要は第2章参照）。

FCRはかかるコストすべてを差し引いて計算した最終的な利回りのことを指します。日本の不動産投資の場合、数あるポータルサイトやそこに掲載されている広告では、表面利回りが掲載されていますが、アメリカなどではFCRで書くのが通常ですし、本当はそれが正しいやり方だと私は思います。

最終的な収益を計算するためには、まず空室を引いて、そして物件によってかかってくるＯｐｅｘ（運営費）も引きます。物件によってそれぞれ違いがあれど、運営費用は必ずかかるものです。

ランニングコストの詳細は、区分マンションであれば、管理費・修繕積立費があります。地方の高積算物件であれば、固定資産税が高くなりがちです。また地方では、草むしりなど管理維持コストも、面積が広いとその分高額になります。

また、つい忘れがちなのが、共有部分にかかるコストです。大きな物件であれば、決して馬鹿にできない金額になります。例えば、共用部分の電気代・水道代と、清掃費と、消防設備点検費用などです。先ほど例に出した、区分マンションの修繕積立金、管理費などというのも運営費です。

また、ＲＣの場合、ランニングコストが大きいのはエレベーターです。エレベーターは付いているだけでも電気代がかかりますし、保守点検費用も必要になります。

このように運営費は、物件の種別や築年数によってさまざまです。こういった費用について、きちんと調査を行っていない業者も多いので注意が必要です。

逆に共有部がなければ安くなるため、貸家などは費用がかかりません。他にコストがかからないのは新築木造アパートです。全てが新品ですから修繕費もしばらくはかかってき

キャッシュフローツリー

GPI（Gross Potential Income／満室賃料）
ー空室・未回収損

＝EGI（Effective Gross Income／実行総収入）
ーOpex（Operating Expenses／運営費）※

＝NOI（Net Operation Income／営業純利益）
ーADS（Annual Debt Service／年間ローン返済額）

＝BTCF（Before Tax Cash Flow／税引き前のキャッシュフロー）

※Opex（運営費）の例
管理会社の管理料、共用部分の電気代、水道代、各種保守点検費用、固定資産税、都市計画税など

ません。

結局のところ、表面利回りだけで高利回りであっても、あまり意味はありません。実際の収益は何％なのかというところで判断して、物件を選択していくことです。

では、なぜ「表面利回り」という数値が存在しているのかというと、単に指標として分かりやすいからです。もちろん必要な指標ではあります。

また、運営費の部分を、「全体の何割」というように一律で考えて計算している投資家さんも多いようです。

運営費については、不動産会社が提示していないパターンが多いので、そうせざるを得ないのかもしれませんが、実際は物件による

差が大きいので、あくまでも目安にしかなりません。

当社では、全ての運営経費を調べてからシミュレーションを作って、正確な金額をご提案していますが、そこまで試算を行う業者というのは、全体の3割くらいだと思います。

多くの業者は、表面利回りと、銀行のローンの支払いくらいしか入れていないはずです。

そもそもキャッシュフローとは何か

何をもって「キャッシュフロー」とするかは、業者によっても違います。

業者によっては、経費が全部抜けた計算（満室賃料―ローン返済額）で出した「キャッシュフロー」をいっている場合も多く、それを鵜呑みにしていると、実際はそんなに残らないということが起こります。その結果、「こんなはずではなかった」となるのです。

正式にいうと、先ほど紹介したNOI（営業純利益）からローン返済額を差し引いた後に残った金額が、BTCF、つまり税引き前のキャッシュフローです。

このように業者が口にするキャッシュフローと実際のキャッシュフローには差がありま す。ただそれは、営業マンが知らなかっただけかもしれませんし、騙されたといえるのかどうかは難しいところです。

このように、しっかり突き詰めて計算すると、表向き高収益、高利回りに見えても、本当は高利回りではない物件はたくさんあります。それも、全物件タイプにおいてあります。

また、税金に関しても、試算しない業者が多いです。

先ほど、キャッシュフローとは何かを説明しましたが、キャッシュフローには2種類あります。税引き前のキャッシュフローなのか、税引き後のキャッシュフローなのか。もし個人で買うのであれば、税率は人によって違います。また、法人も法人の規模（家賃収入等）によって変わってきます。

私の場合は、税引き前で判断して、税引き後でもう一度考えるということをしています。後述するCPM®（米国不動産経営管理士）、CCIM®（米国認定不動産投資顧問）の資格を持っている人でしたら、ここまではやっていると思います。

キャッシュフローツリーを使って、物件のお金の流れを把握して、NOI（営業純利益）まで算出できれば、正確なFCRも割り出すことが可能となります。

キャッシュフローツリー

GPI（満室賃料）
－空室・未回収損

=EGI（実行総収入）
－Opex（運営費）

=NOI（営業純利益）
－ADS（年間ローン返済額）

=BTCF（Before Tax Cash Flow／税引き前のキャッシュフロー）
－TAX（税金）※
=ATCF（After Tax Cash Flow／税引き後のキャッシュフロー）

※TAX（税金）の計算
NOI
－金利
－減価償却
=課税所得
×実行税率
=TAX

大手不動産業者だから「安心」ということはない

実際のところ、「どんな不動産業者と付き合えばいいのか」と迷われる投資家も多くいるのが現実です。大手だから安心とは限らないのが不動産業界です。大手の会社では、お客さんを抱え込むという問題があります。

本来、不動産の情報というのは、業者間のデータベースである「レインズ」というシステムに登録しなくてはいけない決まりになっています。

しかし、情報を出してから、他の業者経由の問い合わせがあっても、「終わりました」と言って断ってしまうことがあります。

不動産売買仲介の手数料というのは、売り手側、買い手側からそれぞれ3％発生します。業界用語で片方だけ得ることを「片手」（3％）、両方を得ることを「両手」（6％）といいますが、自社で情報を抱え込んで、両手の手数料を得ようする会社は、大手ほど多いものです。

その囲い込み問題は大きな問題になり、大手業者の数社が名指しで新聞に取り上げられました。大手だから安心ということでは全然ないということです。

売買仲介の仕組み

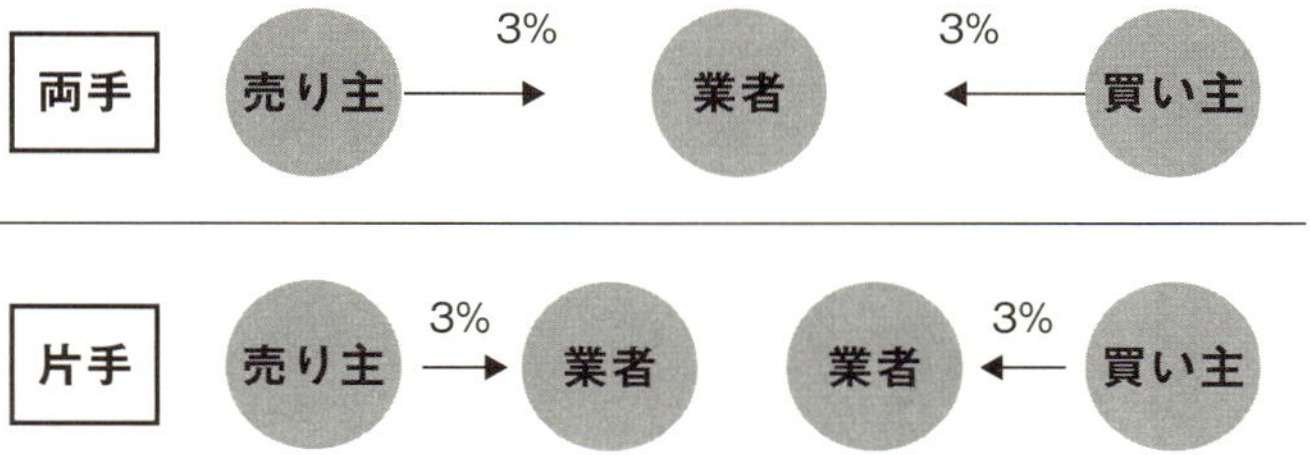

「大手ほど安心」という常識が、不動産業者に限っては、全然通用していません。むしろやはり小さくても昔からやっている地場の業者が良い場合もあります。

独立しやすい不動産業界

基本的に不動産業界というのは、浮き沈みが大きな業界です。常に勝ち続けていくというのは本当に難しいと感じています。

その半面、タイミングによっては簡単に大きく稼げてしまいます。そして、稼げる営業マンがどんどん独立していきますが、人に不動産を売る才能と、会社を経営する才能は別物です。独立して失敗する人も多くいます。

その理由は、不動産業の独立しやすさにあります。

第2章で詳しく説明していますが、不動産売買仲介や賃貸仲介を手掛ける宅建業では、宅地建物取引士は5人に1人いればいいとされています。つまり4人は無資格でいいということです。

しかも、宅地建物取引士を持っている主婦などの名前を借りて、許認可を取ってしまうといった名義貸しがまかり通っています。これは本来であれば業法違反です。特に立ち入り検査の義務がないため、よほどのことがなければ漏れようがありません。

結局のところ、実際には働いていない人の名前を借りて、それで宅地建物取引業の許可が取れますから、やはり、いい加減な業者が生まれやすい土壌はあるということです。

今は投資系不動産がとても増えていますが、私が独立したときは、本当に少なかったです。今は不動産投資ブームに乗っかって、たくさんの業者が独立しています。その中には営業力だけで、投資系不動産の知識がない人たちが独立しているケースも少なからずあるのです。

特定の不動産業者が悪いということはないのですが、投資用区分マンションを専門に売っている業者は、首都圏の区分マンションの値段が上がり過ぎてしまって仕入れに困っています。

そもそも、区分マンションというのは、不動産としてはさほど高い金額ではありません。何億円の物件を仲介しても、数百万円の物件を仲介しても、手数料の割合は法律で決められており、小口の物件を取り扱っている業者は数をこなさなくてはいけません。つまり、そんなに実入りがいい商売でもないのです。

そんな中で区分マンションだけでなく、一棟物件へ進出する区分販売業者も増えています。一棟物件は、区分マンションに比べると価格帯は高くなりますが、さまざまなリスクがあります。

しかし、そういうことを知らなくて、営業力だけ売っているという話も聞いたことがあります。

所有しているだけで赤字になるような新築区分マンションを売っているような業者であれば、不動産投資の収支についての基本すら知りません。そこがまた、不動産業界の質を落としています。

医師といった高所得者の名簿を入手して、電話営業で売りつける手法を行う新築区分マンション業者からすれば、一棟アパートやマンションは売りやすいそうです。当社にご相談に来る医師は、新築区分マンションを所有しているケースが多いです。

信頼できる会社には「投資のプロ」がいる

宅地建物取引士業の認可の番号で、創業して何年と判断できます（宅建業の説明については第2章参照）。

「認可番号が多いと、長年やっている業者だから安心だ」ということを、インターネットの情報で見ることがありますが、長く営業しているところが良いのかというと、そうでもありません。やはり素人では見極めがつきにくい業界ではあります。

不動産のプロといえば、宅地建物取引士が有名です。しかし、宅地建物取引士は不動産売買や仲介に関する専門家の資格であって、不動産投資の専門家ではありません。

信用に値する会社というのは、営業マンは全員、宅地建物取引士の免許を持っていること、かつ主要メンバーが不動産投資専門の資格を持っているような会社だということです。

投資用不動産の専門的な資格といえば、ＣＰＭ®があります。わかりやすく説明すると、不動産投資のプロ資格で、不動産投資の経営をコンサルティングできる資格です。少し近いのが公認不動産コンサルティングマスターですが、この不動産コンサルティングマスターとは、土地建物取引士の免許を取って5年の実務経験が必要です。より深く専門的な資格がCPM®です。アメリカが発祥で、アメリカに本部があります。世界各地で講習と試験が行われ、世界で通用する資格だといえます。

今、日本でCPM®の資格を保有している不動産業者は、300～400人くらいです。世界でいえば、かなりの数の資格保持者がいます。CPM®を持っている不動産業者は、日本全国に散っていて、北海道から九州までいます。

年1回カンファレンスをアメリカでやるのですが、世界各地から多くの人が集まってきます。日本でも毎年一度、成功事例発表会を行います。私も2014年、CPM®に向けて発表をした経験があります。

CCIM®は、CPM®よりも商業的な不動産が対象となります。テナントビルや商業施設を組み合わせて、もっと深く専門的なところを学びます。

やはり、学ぶべき価値はすごくあると思います。CPM®でも十分な知識を得ますが、自分で投資をするのであれば、CCIM®まで取っているといいかもしれません。

私自身もビルを購入するときに、CCIM®の知識でいろいろシミュレーションして決断をしました。

ＣＰＭ®（米国不動産経営管理士）

ＣＰＭ＝Certified Property Manager（サーティファイド・プロパティ・マネージャー）、不動産投資のプロ資格。投資分析を行い賃貸経営の改善をアドバイスします。

ＣＣＩＭ®（米国認定不動産投資顧問）

ＣＣＩＭ＝Certified Commercial Investment Manager（サーティファイド・コマーシャル・インベストメント・マネージャー）、不動産投資に関する詳細な分析手法を学ぶ米国の教育プログラム。

ＣＰＭ®の役割とは、オーナーの目標目的を達成すること。一つの投資としての不動産経営をさまざまな角度からアプローチしていきます。

最大の特徴は、最初の講義が「倫理」ということです。オーナーに対して倫理的に仕事を進めるという誓約書を書きます。

基本的にはファイナンス系を学び、投資分析を行います。それ以外ではメンテナンスとリスク管理、マーケティングとリーシングなどがあります。

合格に必要な勉強時間は、1回の講義で大体8時間、これが12回なので合計100時間程度、不動産投資を学びます。

最終試験は16時間、2日間かけてやります。最終試験はどのような試験かというと、オーナーさんが持っている物件、それをどう資本改善するかなど、要するに投資としていかに物件の価値を上げられるかという、プランの提案書を作るというような試験です。

会社内の主要な人たちがCPM®を持っている会社。そこはおそらく、専門的な提案ができる会社だと思います。仮に営業マン全員がCPM®を持っていなかったとしても、会社全体がそういう仕組みになっているでしょう。

私自身も物件を購入して、不動産投資を行っています。不動産投資家の立場でいえば、そういった資格を持つ業者に相談するのが間違いないと思います。

一例として、私の投資手法をご紹介しますと、28歳から不動産投資をはじめ、初めから全て個人の資産管理会社という位置付けの法人名義で購入しました。

物件の種別にもよりますが、出口を5年前後（3〜7年）でシミュレーションして投資として採算の合う物件しか購入しません。そして、購入・運用・売却・利益確定・再購入と続けて資産の組み替えを常に行っています。とはいえ、これも一つの考え方で、私のやり方だけが正しいわけではありません。

新築ＲＣは長く保有していますが、その他の不動産は種別によって、保有期間を短めにして出口を迎えています。そのため現在の保有物件のトータル金額自体は、有名投資家さんよりも少ないですが、投資規模ではなくて、いくら資産が増えているかということを重視して投資を進めています。

第4章

立地の嘘

「〝都心・駅近〟なら必ず儲かる」は嘘

不動産投資家の立地に対する誤解

「どの場所で不動産投資を行うのがいいのでしょうか」

「どの地域で不動産を購入すればいいのでしょうか」

そういった質問をよく受けますが、結局は、何がベストというのはないと思います。

物件の種別、地方なのか、都心なのかというところから、中古か新築かなど、木造とRCなど構造もいろいろありますし、一棟か区分かというところもあると思うのですが、基本的に、全てにおいてメリット・デメリットがあります。

投資の基本として、「同じ籠に卵を入れるな」という有名な言葉がありますが、さまざまな種別の物件を持っておくのがリスクヘッジになると考えます。

ですから、いろんな種類を、ポートフォリオを組んで持つというのが一番いいと思います。

同じエリアに集めて所有する方が効率的ではありますが、災害を考えればエリアも分散すべきでしょう。

エリア選定において重要なのは、「賃貸の需要と供給が合っているか否か」ということです。

都心に物件を持ちたいと考える投資家は多いですが、供給も多いので競争率が高くなります。そういうエリアですと、新築から、築年数が経つことによる家賃の下落も大きい場合もあります。

家賃で見ても入居率で見ても、やはり新築が高くて、中古になってくるとどんどん下がってきます。逆に郊外の決して便利とはいえない立地ですが、周囲にアパートがないため、常に満室を保っているという話もあります。都心が全てそうだというわけではありませんが、都心だから安全というわけではないということを知っておくことが大切です。

また、大学や大企業の工場が近いとニーズがあるというのは、安心材料だけではない可能性も高いです。学生需要があるからという思い込みでアパートを新築したり、中古物件を購入しても、供給過多になっているケースがほとんどです。市場の調査をせずに、需要があるだろうという思い込みで物件を購入するのは本当に危険です。

実際に大学の移転や工場の移転というのはよくあることですし、需要を失った結果、破綻している地主が多くいるのが現実なのです。

結局のところ、一概に都心だからといっていいわけではありませんし、地方だからといってていけないというわけでもありません。繰り返しになりますが、肝心なのは「需要と供給のバランス」です。地方の特徴としては、マーケット自体は、都心に比べたら小さいかもしれませんが、本当に詳しく調べると、需給がいいエリアもあります。

そこでしっかり賃貸の需要と供給がマッチしているのであれば、地方でも不動産投資として成立しているわけです。


他にも、よく受ける質問で「自分が知っている立地がいいのでしょうか」というものがあります。これは意見が分かれるところですが、土地勘があるところで買うか、それとは一切関係なく選ぶか、という問題があります。

自主管理をするのが目的であれば、ある程度自宅から近い物件がいいと思いますが、資産を増やすのが目的ですから、別に地縁にはこだわらなくてもいいと思います。その購入しようと思った物件が、たまたま土地勘があるところで市場の調査がしやすかった、というのはあるかもしれませんが、資産を増やすにあたってはその物件がどこにあろうが関係ありません。

プロが教えるエリア分析の方法

自分が購入しようとしているエリアがどんな地域なのか、需要と供給のバランスや人口などは、しっかり自分で調べるべきです。「〇〇さんがそう言っていたから」というのは、信じない方がいいと思います。

地方圏では、「天気予報に出てくるような大きな都市を買いなさい」と言う有名投資家、不動産コンサルがいますが、「大きな都市は、需給が崩れている場合が多いので、あえて外すべき」という意見もあります。まったく逆ですが、両方から実感を伴った話として聞いています。

実際のところ、地域の需要というのはさまざまで、物件タイプによる需要と供給のバランスというのもあります。

ファミリータイプの需要があるのに、供給が少ないエリアというのもあります。逆に大きな団地があってファミリー向けは余っており、単身者向けの需要があるエリアもあるのです。やはり、一つの側面では判断してはいけませんし、誰かの言うことを検証もせずに、そのまま鵜呑みにするのは避けた方がいいでしょう。

本来、このデータを出すのも、不動産業者の仕事です。当社を含め、ＣＰＭ®資格を所持のプロがいる会社では、こういったデータを全て提供します。

そうでない会社で物件購入する場合は、自分でしっかり調べる必要があります。ここでは私たちが行っているエリア分析のノウハウをお伝えします。

まずは大枠として、その地域の概要を知ること、「地域市場」の調査です。

当社では、『都市データパック』を使って、かなり細かいところまで全部データを出して確認しています。この『都市データパック』はプロの業者が使うものですが、資料としては大変役に立っています。

他に結構使えるのが、ウィキペディアなどのインターネット情報です。駅やその地名を入力すると、おおよその情報などが出てきますので、一般の方がその市場を調べるというのも、そんなに難しいことではないと思います。

『都市データパック』とは

東洋経済新報社から発売されている冊子『都市データパック』は、豊富な社会・経済データと独自調査による多彩な地域情報で全国８０６市区を多面的に紹介しています。統計データも充実しており、オリジナル指標の「住みよさランキング」など各種ランキングも掲載されています。

続いてのステップで「近隣市場」のリサーチを行います。

多くのサラリーマン投資家が物件を所有している地域は、融資が出やすいという特徴がありますが、投資家は同じような営業努力をするので、結局のところ価格競争に行きついてしまいます。

それが、主要駅から2駅くらい離れると、一気に投資家が減って、地元の農家など地主さんとの戦いになる。そうなれば、投資家が勝てるチャンスがあります。

投資家はやる気も知識もありますし、空室に投資することに対して理解があります。地方の地主さんでは、昔の意識が抜けず、入居者が決まるまでリフォームをしない――そんな意識の低さもあります。

このように同じ市内であっても少しエリアがずれるだけでマーケットが変わるというケースは少なくありません。

市場の視覚化

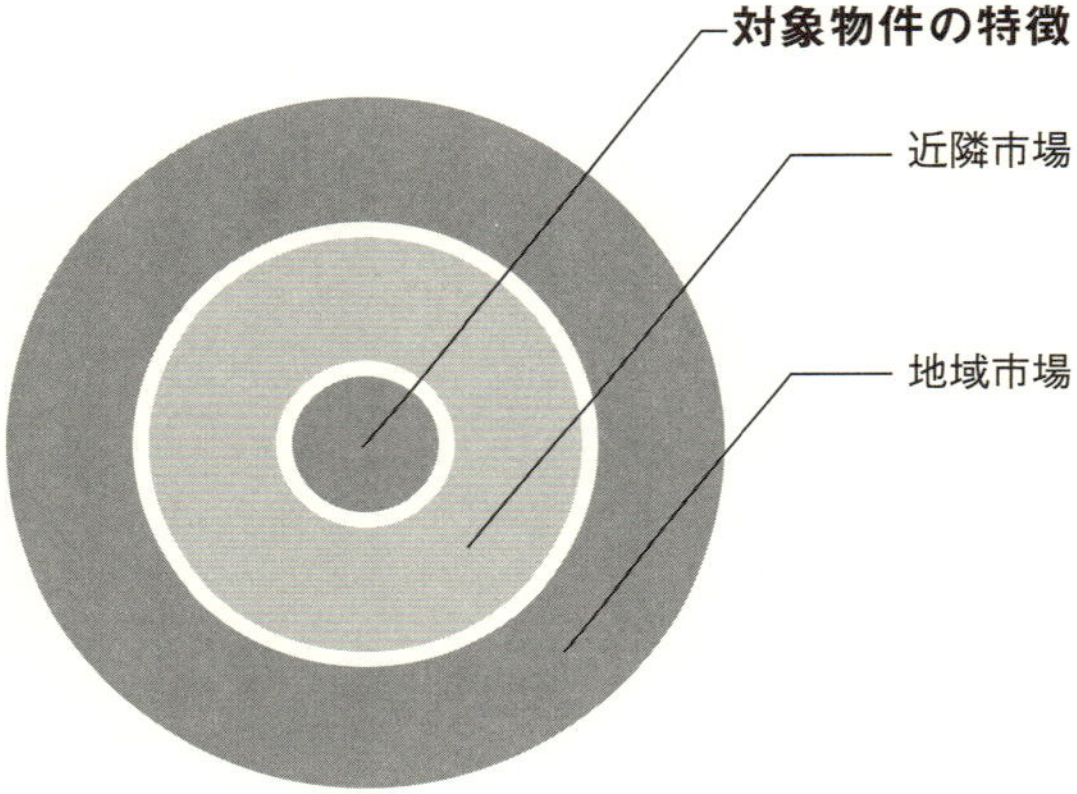

わかりやすい例でいえば、神奈川県の横須賀市は人口も世帯数も減っていて、市の情報だけみると、とても投資に適したエリアとは思えません。

それが、横須賀中央という駅に限って言えば、非常に投資に強い街なのです。このように同じ地域でも大きな差があるのが賃貸マーケットなのです。

エリア分析はこのように市の単位で調べる「地域市場」からはじめて、次に「近隣市場」、最後に「対象物件の特徴」と3段階に行っていきます（上図）。

大事なことは、人口ではなく世帯数を見ることです。これが居住系不動産分析において必要なことです。

市場分析の最終ステップは「対象物件」のリサーチ

市場分析は、広いエリアから狭いエリアに狭めていって、最終的に対象物件とライバル物件に焦点を定めます。

最低限、過去のデータと現在のデータを見て、未来を予測することをお薦めします（P101の図を参照）。プロであれば、『レインズ』という業者間の情報ネットワークがあり、そこで成約事例を見ることができます。

投資家であれば、『アットホーム』『スーモ』といった不動産ポータルサイトを見ることで、募集物件数、賃貸相場も把握することができ、リアルタイムのデータを見ることができます。

中でもお薦めは『ホームズ』のオーナー向けサイト『ホームズ不動産投資　見える！賃貸経営』です。

空室率から賃貸相場などさまざまなデータが出ています。平均値となるため正確なデータではありませんが、需給バランスを見るための参考にはなります。

そうやってインターネット上で、築何年の物件が、いくらぐらいで募集が出ているというのを見ていくと、過去にどれくらいの家賃で入居が決まっているのか、どのようなスペック（仕様）の物件に競争力があるのかといったものが把握できるようになります。

なお、ポータルサイトに掲載されているのは募集家賃であって、成約家賃（実際に契約された家賃）ではありません。

募集家賃と成約家賃の差は１０００円、２０００円といったところで大幅な乖離はありません。ただ、多少の交渉はありますから、募集家賃よりやや低いと考える方が安全です。同じ地域でも、ピンポイントで家賃や需給は違ってきますので、実際にその物件の周辺を自分で調べます。そして、現在までのデータを把握することで、今後の需要を分析することができます。

また、地域の賃貸管理会社に聞くのもいいと思います。私が地方の案件を手掛ける際は、近隣の管理会社５～６軒に電話してヒアリングしますが、結構意見が割れるものです。「このエリアはいいですよ」という会社もあれば、「ここ客付け難しいですよ」という会社もあり、かえって混乱するような地域もあります。

管理会社の意見が分かれてしまう理由の一つとして、重要なポイントがあります。それは管理会社とオーナーの目標が違う場合が多いからです。

エリア分析

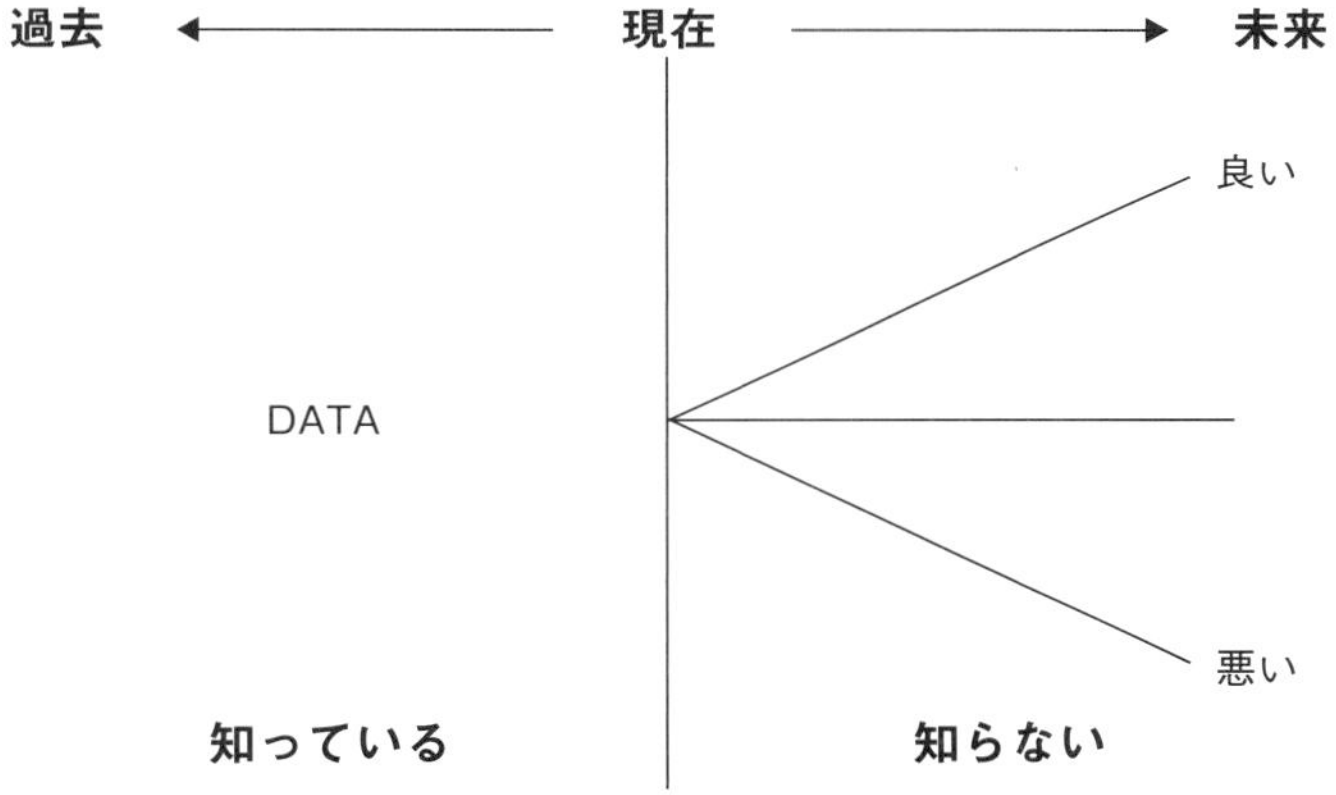

オーナーは、資産を増やす、家賃収入を増やす等が目標ですが、管理会社の場合は入居率を上げることが目標なのです。

入居率を上げて満室を目指すことはオーナーと同じようですが、目標が入居率だけなので家賃の金額は下げてでも満室にした方が、管理会社としては目標を達成できます。

ですので、ほとんどの管理会社はオーナーの本当の利益（資産、家賃収入）を考えていません。いかに家賃を低くして入居率を上げるかが目標なのです。

そのため、管理会社に聞いた情報だけで判断するのではなくて、先述した『都市データパック』で調べたこと、ウィキペディアで調べたこと、地名を検索してネットでいろいろ調べたこと、管理会社に何社か聞いて調べたこと、これら市場調査の結果を統合して判断すればいいのです。

市場分析

・物件の特徴を判断する（資産を知る）
・近隣と地域市場の分析（競合物件を知る）
・競争上の優位性の判断（位置付けの評価）
・家賃設定を行う（価格戦略の導入）

地方は賃料水準が低くて修繕費が高い

地方で不動産投資を行う場合に気を付けるポイントはいくつかあります。賃料水準が低くて修繕費が高い地域。特に札幌などの物件で陥りやすい罠です。

例えば、単身者向けの20平米の１Ｋがあったとします。部屋から退去したとき、クロスや床などの修繕をして貸せる状態まで戻す原状回復工事を行います。

札幌は若干リフォーム業者の単価が安いですが、それでも1部屋退去が出るごとに、修繕が15万円程度かかります。

東京の都内の利便性のよい立地であれば、同じ広さの物件で、大体家賃が7万〜8万円くらいです。対して、札幌では家賃は2万〜3万円です。要するに、2倍から3倍近い収入差があるわけです。

しかし、賃料に大きな差があっても、かかる修繕費用はほぼ同じです。エアコンが壊れた場合でも、札幌であっても東京であっても交換にかかる費用はほぼ同じです。地方だからといって人件費が東京の半額ということはありません。

つまり、賃料水準が低いと平米あたりの効率というのが悪いわけです。下手をすると、原状回復費用で年間家賃の半分くらいを持っていかれてしまいます。特に単身者向けの物件は回転が速いため、修繕費が収益を圧迫するケースがよく見られます。

都心のデメリットは収益性の低さ

首都圏に物件を持ちたいという投資家は多いです。特に東京23区など、資産性も高いた

不動産と景気の循環

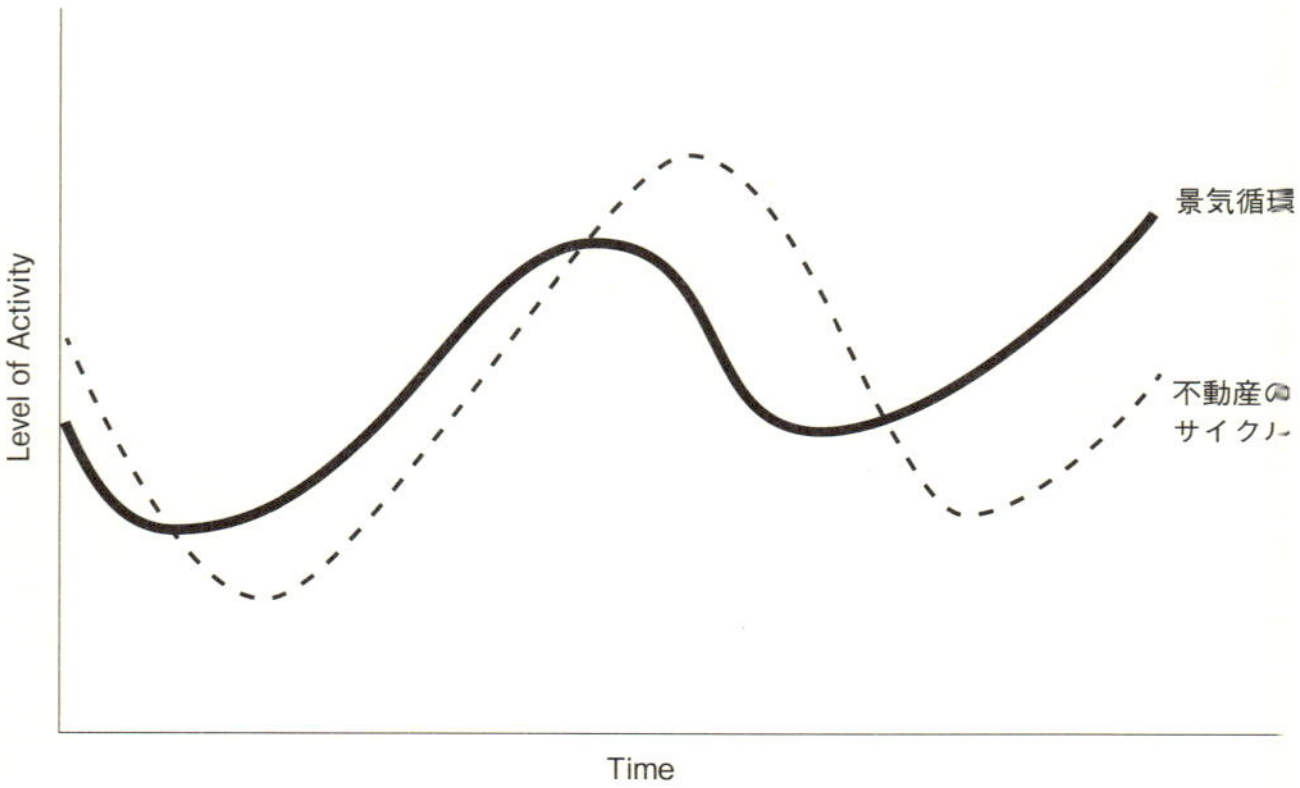

め魅力に思う人が多いのです。

しかし、都心の不動産の収益性はとても低いです。

不動産投資の書籍を見れば、利回り20%や30%など、景気のいい話がたくさんあるため、勘違いされた方から、「利回りがこんなに低いのは、おかしくないですか？」と聞かれることもあります。そのエリアによって利回りが大分変わるという知識は、初心者は持っていないのだと思います。

当然のことながら、不動産投資には相場があります。不動産は、経済の相場の波に若干遅れて、緩やかに変動します。過去のデータを見ても、同じような感じで推移しています。

不動産投資は利ザヤで稼ぐビジネス

市況によって、売れ筋の立地、売れ筋の不動産には差が出ます。

少し前は、地方にあるRC造の一棟物件が人気でした。当時はまだ相場が上がりきっていなかったこともあり、利回りが高くキャッシュフローが出やすかったからです。

また地方のRCは積算評価がつきやすく、当時は高積算物件に融資をする金融機関が多かったこともあり、サラリーマン投資家が購入しやすい状況だったのです。

しかし、現状では相場全体が上がり、物件価格も高騰しています。このように値段が上がりきって利回りが低くなっている中では、地方RC物件はとてもお買い得とはいえません。

現在は、地方の中古RC物件に比べて、首都圏の新築木造アパートの収益性が高いという状況です。しかし、決して新築木造アパートの利回りが高いというわけではありません。実際のところ利回りで比べれば地方よりも低いのですが、首都圏の銀行からより安い金利で借りられることが強みとなります。

地方の築20年の物件と、新築で手がかからない物件となれば、明らかに新築の方がいいというのがここ最近の流れです。

ただ、それも先述したように家賃自体が高めに設定されている場合があります。新築が中古になる過程で家賃が下落する可能性が高く、これが新築のデメリットやリスクだと言えるでしょう。

さて、不動産投資家は投資指標の一つとして「イールドギャップ」を使いますが、多くの人が誤解されています。

不動産投資は、アービトラージュ、つまり利鞘で稼ぐビジネスモデルだと解釈しています。原理原則でいえば、低い金利で借りて、高い金利で貸せばいいだけの話で、それが成り立つか成り立たないかです。

このように、市況によって不動産投資のやり方も変わり、人気の物件も変わってきます。「地方のRC造の一棟物件しか買わない」といった偏った投資観を持つ投資家たち、一つの手法で固定化してしまっている人たちは、市況動向がわかっていないのだと思います。

昔の市況でやって成功しているから、それが一番だと思い込んでいるだけで、今は市況が変わっているわけですから、考え方を変えなければいけません。

そのような観点でいえば、やはり、「〇〇を買え！」という断定的な人たちはプロでは

アービトラージュ

アービトラージュとは、裁定取引のことで、金利差や価格差を利用して売買し利鞘を稼ぐ取引のことを指します。アービトラージ、サヤ取り(鞘取り)ともいいます。

イールドギャップ

イールドギャップとは、FCR(真実の利回り)とK%(ローン定数)の差を指します。

よくある嘘
利回り ー 金利 ＝ イールドギャップ

正しいイールドギャップの計算
FCR ー K% ＝ イールドギャップ

多くの投資家は「金利」だけを見る傾向にありますが、金利と借入期間がキーワードです。その指標となるのがK%、ローン定数といわれるものです。これは、銀行もまた一種の投資をしているという意味なのです。

K%の算出法

$$K\% = \frac{\text{支払い額(ローン年数と金利で決まる)}}{\text{借入額}}$$

ないと感じます。基本は、「何が一番いい」ではなく、今の市況で「いかに有利に進めていくのか」を考え、常に状況に応じた手法をとることが大事です。

実際に事例で計算してみましょう。

①まずはFCRを計算します。FCRとは、フリーアンドクリアリティリターンの略で、「真実の利回り」のことです。物件価格を81ページで紹介した「キャッシュフローツリー」で計算したNOI（満室賃料から空室分を差し引いた実行総収入から、運営費用を差し引いた営業純利益）で割ることで算出できます。

②次にDCR（借入償還余裕率）の計算です。ADS（年間ローン返済額）に対するNOI（営業純収益）の比率です。DCRが大きいほど借入返済の確実性を増し、デフォルトが起きる可能性が低くなります。

③BE%（損益分岐点）はGPI（年間満室賃料）をOPex（運営費）とADSで割ったもので計算します。目安となる数値は物件により異なりますが、損益分岐となる入居率がBE%となります。

④K%（ローン定数）とはADSのローン借入数に対する割合です。K%はコストですの

で、低いほど有利な融資が獲得できているということです。K％を下げるためには「融資期間を延ばす」「金利を下げる」のどちらかを行います。

⑤CCR（自己資本利益率）ではキャッシュオンキャッシュリターンの略で、自己資本に対する利益率を指します。いくら投資をしていくらの利益があるのかを表します。

⑥で先述したイールドギャップを計算します。

⑦レバレッジ判定をします。K％よりFCRが高ければ、レバレッジが効いています。その状態であれば、銀行融資を借りれば借りるほどCCRが上昇します。

K％は、先述した通り年数と金利で決まります。そこも非常に大事だと思います。「金利1％、ローン15年」というパターンと、「金利3％、ローン30年」というケースで考えてみましょう。

同じ金額を借りて、どちらがいいか簡単に計算してみると、1％で15年の場合、K％（ローン定）数は7・18です。今度は3％で30年の場合、K％（ローン定数）は5・06です。金利は高くても明らかに、後者で借りた方がいいということです。

要は、金利が安くても年数が短いとFCRとK％の利鞘が稼げていないのでキャッシュフローが出てこない、つまり手元に残るお金が少なくなります。期間が長いと、ある程度高金利でも手元に残ります。

投資判断ではスナップショットとビデオで見るのですが、スナップショットではFCRとK%、ビデオでは金利が低い高いかで出口時の残債（残りの借入額）が変わるため、両方を把握する必要があります。

また、K%とFCRを比較することによって、レバレッジ効果が働いているかどうかの判断ができます。

基本、このK%よりもそのFCRの数値が大きいときはレバレッジが効いているということです。だから他人から資本を借りれば借りるほどCCRがよくなるのです。

しかし、都内の物件は、おそらくこれが逆転しています。というのも、利回りが低いのでレバレッジが効かない状態なのです。

例えば、4・74というK%（ローン定数）がありますが、都内の一等地で利回りが5%、そこから経費などを引いてFCRが4%になった場合、4・74%で借りて4%で回すということになり、明らかなマイナスの投資です。これを逆レバレッジといいます。

とはいえ「レバレッジが効いてないから投資をしない」ということではないのです。レバレッジが効いていないときは、自己資本をなるべく入れることで目標の収支が合うよう

事例の計算例

物件価格1億円
利回り10%
自己資金1000万円
融資9000万円　融資期間30年　金利2.5%

キャッシュフローツリー

	GPI（年間満室賃料）	1000万円
−	空室	50万円
＝	EGI（実行総収入）	950万円
−	Opex（運営費）	95万円
＝	NOI（営業純利益）	855万円
−	ADS（年間ローン返済額）	427万円
＝	BTCF（税引き前キャッシュフロー）	428万円

①FCR（真実の利回り）…NOI÷物件価格（1億円）=8.55%
②DCR（借入金償還余裕率）…NOI÷ADS=2
③BE%（損益分岐点）…（Opex＋ADS）÷GPI=52.2%
④K%（ローン定数）…ADS÷借入額（9000万円）=4.74%
⑤CCR（自己資本利益率）…BTCF÷自己資金（1000万円）=42.8%
⑥イールドギャップ　FCR−K%=3.81%
⑦レバレッジ判定　K%＜FCR=レバレッジが効いている

投資の指標　レバレッジとは（P111のケース）

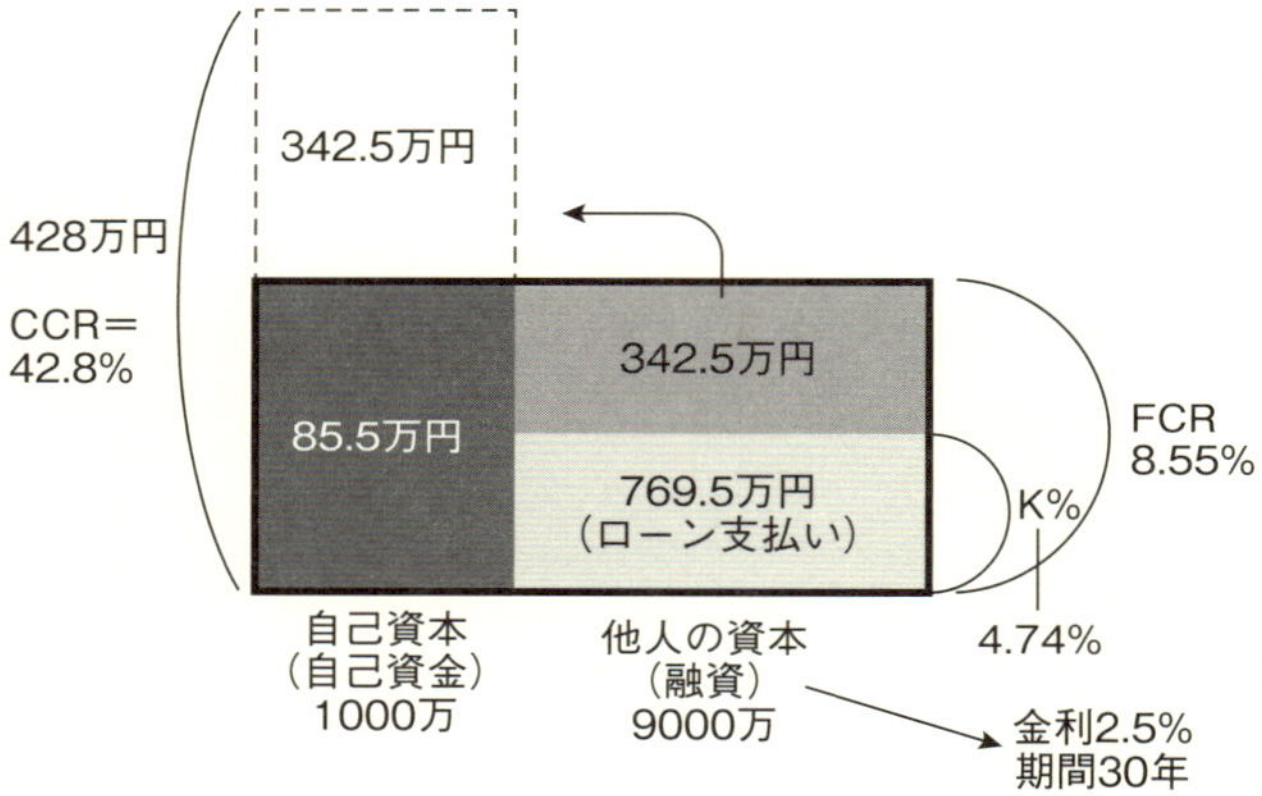

NOI 855万円を2つに分けます。
↓
自己資本（自己資金）の家賃収入
※1000万円×FCR　　85.5万円
他人の資本（融資）の家賃収入
※9000万円×FCR　　769.5万円

になります。このような判断をするために計算を行います。

レバレッジのメリット・デメリット

ここでレバレッジについて、もう少し踏み込んで解説したいと思います。レバレッジとは直訳すれば「てこ」という意味を持ち、不動産投資においては、融資を利用して自己資金よりも大きな投資を行うことを指します。

111ページの表を例にして解説しましょう。

1億円の物件に対して、自己資金1000万円を使ったケースです。残りの9000万円は銀行融資（金利2・5%、期間30年）です。NOIは図の太枠の855万円で自己資本（自己資金）での家賃収入と他人の資本（融資）で分けると、その内、自己資金に対する家賃収入は85・5万円、残りの769・5万円からローン支払い427万円を差し引いた342・5万円。この事例ではCCRは42・8%となり、1000万円の投資に対して、年間で428万円（85・5万円+342・5万円）の利益があります。

そして、レバレッジには次のようなメリットとデメリットがあります。レバレッジをかけることができるからこそできる投資もありますが、レバレッジがなければいけないということではありません。

レバレッジのメリット

・融資がなければ不可能な投資が行える
・自己資金に融資を足すことで、より高額な物件を購入できる
・自己資金をその他の投資など別のことに使える
・自己資金で他の投資を行うことでリスクヘッジになる
・資金調達コストよりも高い収益を生み出す「正のレバレッジ」により、ＣＣＲを上げることができる

レバレッジのデメリット

・借入金額が多いほど金利変動をはじめとした経済的リスクが上がる
・人によっては心理的な負担がある
・借入金が増えるとキャッシュフローが減る

エリア選定と融資の関係は？

多くの間違いは、物件探しから入ってしまうために起こります。高利回り物件を買いたいということで、インターネットで物件を探すと地域が限られる傾向にあります。

そして、この物件に対して、融資可能な銀行は限られてしまうのです。本来であれば、その投資家の資産背景、属性によって使える銀行は変わりますが、初めから一つの銀行に絞られてしまうのは、今後の買い進めに影響が出ます。

不動産投資は事業です。事業には、どのように進めていくのかという戦略が必須です。つまり、最初に融資戦略をしっかり立てることが肝要なのです。

その融資戦略を考えると、立地に関しては銀行によって絞られてきますので、「このエリアに投資したい！」というこだわりはなくてもいいということです。どちらにせよ、必ず市場調査を行うところからはじめるのが基本です。

ある一定の地域に絞って物件を取得している場合のデメリットをいえば、地方銀行によっては、その資産の半数以上を所有している地域をメインの活動エリアと見なす場合があります。

例えば、神奈川県に住む投資家が、札幌で3～4棟を購入したケースでは、神奈川県のとある銀行で借りにくくなる場合もあります。

この辺の判断は銀行によっても変わるところですが、所有物件を共同担保に入れて、その担保力を使って次を買うというときも、エリア外の物件は、基本的には担保は取れません。

そう考えると、どのエリアで買うかというのは、需給バランスと、管理できるかどうか、今後の融資、買い進めるにおいての融資との兼ね合いを考えて選ぶべきということです。

また、共同担保に入れるときには、売却時にハンディとなる可能性があり注意が必要です。加えて、法人スキームにおいては自宅の共同担保も要注意です。詳細は割愛しますが、物件の買い進めにおいて問題となることもあるからです。

第5章

賃貸経営の嘘

「大手の管理会社に任せれば安心」は嘘

賃貸経営の嘘

前提として、不動産投資家の皆さんに知っていただきたいのは、「管理会社の目標とオーナーの目標は違う」ということです。

オーナーの目標は資産を増やすことですから、家賃を維持しながら空室を埋めて収益をあげたいと考えます。対して、管理会社は入居率をあげることを目標にしています。家賃が下がっていても関係ありません。とにかく入居が付けばいいという考え方です。このように、両者の間には根本的なズレがあるのです。

管理会社は、本来であればオーナーの資産を最大化するため方法を考えなくてはいけない立場です。

管理会社の通常業務というのは、入金管理、客付け、クレーム対応、入退去の立会い、修繕の手配などがあげられます。例えば、修繕費が発生する故障や不具合が起こった場合、ほとんどの管理会社が「○○が壊れました」という報告をオーナーにして、「そのお金を出してください」と請求するだけです。

入居促進のために行うリフォームでは、「入居者が入らないのでリフォームしましょう」

と提案するのはいいのですが、本来であれば、リフォームに対する費用対効果を考えた上で提案すべきなのです。

リフォームは、再投資＝資本改善にあたります。出口を見て考えた場合、「リフォームにかけた金額によって、家賃がどのくらい上がり、収益がどのぐらい上がるのか」というところまで、しっかり計算をして、「その修繕・リフォームをするのか、それともしないのか」判断します。

例えば、5万円の部屋が20戸あるとします。そうすると、月の家賃収入100万円。年間で1200万円です。物件価格が1億2000万円だとすると、表面利回りは10％。5年後に11％で売るというシミュレーションで出口を見て買っているとします。

これに200万円をかけて少しバリューアップして、家賃を平均2000円アップする場合、その200万円の工事をするかしないかという判断をするために、どう計算したらいいのでしょうか。

11％で売ると1200万÷11％で、1億910万円で売却することになります。

1億2000万円で買った物件を、5年後に利回り11％であれば売れるのではないかと想定して1億910万円です。

この200万円かけたことによって、家賃が一部屋あたり2000円アップするので、

5200円×20戸となり、年間家賃収入が1248万円。

1248万円に対しての利回り11%だとすれば、1億1345万円です。家賃が上がっているため、同じ利回り11%といっても1億1345万円になります。そうすると差額が、1億1345万円―1億910万円＝435万円です。

つまり200万円の投資をすることによって、売却益が435万円も増えているわけです。

このように考えてやっていくのが投資です。管理会社さんがこのような提案をできるかというと、できていないのが現状です。

資本改善とは

・物件に対して再投資を行い、収益を上げることを「資本改善」といいます。資本改善にあたっては、再投資（リフォーム等）に対して、費用対効果はどれくらいあるのかをしっかり計算する必要があります。

費用対効果が高いのは既存顧客へのサービス

リフォームによっては、1円も費用対効果がないケースもあります。

最近の入居者はセキュリティーを重視する傾向にあり、古い物件であっても「モニター付きインターフォンを付けたらいい」と思われます。

このように築古物件に対して、管理会社が「モニター付きインターフォンくらいは付けた方がいいですよ」という提案があった場合、実際のところその工事をしたとしても、家賃が上がることは期待できません。あって当然な設備は、それがあったとしても家賃には影響しないのです。

賃貸経営というのは単純な話ではありません。お金をかけて新規顧客を獲得することに比べて、既存客にサービス提供した方が、コストが低く済むという側面があります。

もし、モニター付きインターフォンを付けなかったことによって、入居者が退去を決めたとします。退去されてしまえば、家賃収入は途絶えますし、原状回復費用といった修繕費用がかかります。たとえ数万円出したとしても退去されない方がいいのです。

また、改めて入居を募集するということになれば、広告料をかける必要があります。特に売却を念頭におくのであれば、常にお客さんで満杯にしておくというのが非常に大事なことなのです。それらを計算すれば、インターフォンを付けて、入居者に快適な住環境を提供した方がいい可能性があります。

それをわかっているオーナーは少ないです。こういったことを「テナントリテンション」といいますが、モニター付きインターフォンはあくまで一例であって、既存客を大切にするために何をするのが効果的かということは、その物件によって、また入居者によって変わるものです。

私はアンケートで直接聞くのが一番いいと思います。入居者にアンケートを配って、希望する設備や改善点を聞いていく。もちろんできる、できないということはあると思いますが、予算の範囲内で、入居者が希望しているものをどんどん付けてあげるというのも大切です。

費用対効果についての検証も必要ですが、既存客を大事にすることでコストカットできる可能性も高いのです。

同じケースで、単純に空室を埋めたいという話であれば、モニター付きインターフォンを導入する費用を計算して、その分だけ家賃を下げて募集した方が埋まるかもしれません。

ただし売却を考えているのであれば、モニター付きインターフォンではなくて、もっと家賃を上げることができる方法を考えるべきです。

その方法はリフォームとは限らず、「ペット可にする」「外国人可とする」といった入居条件緩和だったり、入居時の初期費用をオーナーが負担する入居者向けのキャンペーンを行うことかもしれません。

管理会社はそこまで考えて、オーナーに提案するのが役割だと認識していますが、それをできる会社は多くありません。そこまでするためには、それこそCPM®の資格取得など、不動産投資のプロとしての知識を持っている必要があるのです。

テナントリテンションを行う意味

・新規顧客を得るためのコスト（原状回復費、広告費）を考えた場合、既存顧客を大切にする方が費用対効果は高く、収益（家賃収入）が安定します。

その管理会社は「最適」なのか

一口に管理会社といっても、不動産賃貸管理だけを行う会社、賃貸仲介と管理をセットにしている会社、売買仲介、賃貸仲介、管理をトータルで行う会社、建設会社の賃貸部門といったような位置付けの会社もあります。

会社の成り立ちも、テレビCMを流しているような大手チェーンから、地元では有名な不動産会社、逆におじいさんが1人で営んでいるような昔ながらの不動産屋もあります。

その他に地域性もあり、首都圏をはじめ主要都市には数えきれないくらい管理会社がありますが、小さな街ともなれば、1社独占状態になっているケースも珍しくありません。そうなれば、管理会社を選ぶこともできないのです。

大手チェーンの方が客付けが強いという傾向にあるように思います。

また、規模の大きい会社は経営的に安定感がありますが、一つの物件に対して、客付担当者、管理担当者、修繕担当者と、部門が別れてしまい対応がわずらわしい……といったケースもあります。

例えば101号室が空いたとしたら、客付担当から「101号室何日に空きました。入居条件はどうしましょう」と連絡が入った同じ日に、修繕担当から「101号室の退去においで、○○を修繕する必要があります」と連絡が入るといったことが起こります。

部門化されているため、社内での情報が共有されておらず、「それは、おたくの会社の内部ですり合わせてくれ」というようなことまで、オーナーに何度も何度も電話がくるといった話を聞いたことがあります。

会社内できちんと仕組みができていればそういうことはないと思うのですが、大きい会社ですと、そういうことが起こりやすい印象を受けます。やはり株式上場しているような会社ともなれば、利益を追求していきますので、管理が弱い状況に陥ってしまうのかもしれません。

前提として、大手だから任せれば安心だというのは、完全な思い込みです。また大手の会社でも、直営の場合もあれば、フランチャイズの場合もあり、不動産会社が加盟しているケースでは、名前は大手でも、実は地元の不動産会社であったりします。

地場のしっかりした不動産会社というのは信頼できるのですが、大手の信用でお任せしたのに、地元の小さな会社だったということで困惑するケースもあります。

ご存じない投資家も多いのですが、エイブル、アパマンショップ、ピタットハウスなど、ほとんどの大手ではフランチャイズを行っています。直営店のみとなると、ミニミニぐらいです。

これは、一般にはあまり知られていません。おそらく入居者の立場でも同じでしょう。大きい会社だからと無条件に看板が信頼に値するかといえば、それは違うのです。逆に古くて小さい会社だからといって良くないということもなく、地場で長く営業している会社ならではの強みがあります。

ちなみに当社では、管理コンサルティングを行っています。売った物件の管理はしていないため、購入していただいたオーナーの物件の近くの管理会社複数にあたって、管理料はいくらなのか、客付けはどうなのかとか、リサーチして紹介をしています。

管理費はコストです。管理をしっかりしてくれる上で、管理費は安ければ安いほど良いと考えています。客付けに強ければさらにいいのですが、全てを兼ね備えた会社はそうそうありません。

きちんと管理業務ができる会社は客付けのパワーが弱いケースが多いので、客付けが強い会社と、管理が強い会社を組み合わせることもします。つまり、目指すところは「いいとこ取り」なのです。

客付けに強い会社に客付けを頼んで、管理に強い会社に管理だけを委託したいということで、2社間で利益が相反する部分があります。そのため、もちろん断られるケースもあります。ただし、管理会社からすれば、基本的には管理を取りたいと思っているので、交渉している中では、ある程度悪い条件でも飲んでくれるケースが多いように感じます。

管理コンサルティングではその交渉やセッティングを行っています。当社の主な業務は売買仲介ですが、売って終わりではありません。投資家が購入した物件に対して、その後の管理運営までつなげるのが仲介業者の役目だと認識しています。

書籍によっては、投資家自らが管理会社との交渉をしたり、客付けするための営業などを提案するものもありますが、実際のところ専業大家でなければ難しいと思います。また、業者間だからこそ通じる部分もあり、オーナーの立場からの折衝は簡単にはいきません。

自主管理の弊害

管理も基本的にそうです。自主管理は趣味の領域です。実際、自主管理でクオリティが高いオーナーは見たことがありません。本当に投資として考えるのであれば、また別のところに時間を使われた方がいいと思います。

すでに知識や経験を持っている人ならうまくやれるかもしれませんが、軽い気持ちで行っている人は、やはりうまくできていません。向き不向きもあるとも思います。

不動産の管理というのは、結構細かい作業です。中古物件の売買で、契約書を交わしてないとか、何かを紛失してどこかへいってしまったとか、自主管理されているオーナーに多いのです。それで売却するときに苦労するパターンも多いです。

要するに賃貸契約書がなかったりするケースです。基本的に契約書は2年契約でやっていますが、更新時には元々の契約は生きることになり自動更新します。とはいえ、書類が紛失しているときは、もう1回整理し直して契約を書き直すしかありません。

また、自主管理でありがちなトラブルとしては、親戚や友人などを格安で入居させているケースです。これは売却の際にハンデになります。

「親戚の人が住んでいて、今は安く貸しているけど、売却した後はちゃんと相場通り払うって言っているから大丈夫だよ」と言われても、「きちんと契約を交わさないとだめですよ」という説明から入らないといけません。次に買う方は、やはり契約書がないと不安ですから。結局、売るためには、家賃を上げて契約を書き直してという作業が必要になり、少し面倒な部分が多い印象があります。

日本の場合は、借地借家法が著しくオーナー側に不利なので、用意周到に準備しておかないと、それをバトンタッチされた新オーナーも困ってしまいます。自主管理の場合はその辺が甘い人が多いと思います。

ですから、手間もかかるところなので、そこもプロに任せた方がいいと思います。放っておくと、あらゆることにおいて基本的には大家さんが損をしますので、揉めたときには、間に第三者が入っていたかどうかが重要になることもあります。やはり仲介業者というのは、入るだけの意味があるのです。

そう考えると、個人売買などもやめた方がいいと思います。仲介会社の身でそれを言うとポジショントークに思われるかもしれませんが、仲介会社には手数料を貰うだけの仲介責任があるので、仲介を入れることは大きなリスクヘッジでもあるのです。

管理会社の選び方

購入した不動産会社に管理をお願いするケースも多々あると思います。中には購入時に管理条件が付いているような物件もありますが、できれば物件ごとにきちんと管理会社を自分で選定した方がいいと思います。その物件の場所によって、客付けが強い弱いというのもあるからです。

当社で購入いただいた物件は、その近隣の主要駅の管理会社を全部あたります。そして例えば条件面、客付けだとか管理費などについて担当者と話してからご提案するのですが、あとは合う、合わないというところもありますので、最終的にはお客様に選んでいただく形になります。

昔は管理会社といえば地場の管理会社、もしくはエイブル、ミニミニ、アパマンショップといった大手チェーンといった選択肢の中から選んでいましたが、今はそういう収益系の売買仲介業者が管理まで行っているケース、全国をターゲットにした管理専門会社、さまざまなバリエーションができています。

その中からどれを選べばいいかわからず、前オーナーが契約していた会社を引き継いだり、購入した売買仲介業者の管理部門にそのままお願いするケースもあります。

しかし、買ったところが必ずしもいい管理会社だとは限りません。特に客付けというのは、地方によって慣習が変わるからです。やはりそのエリアのルールがわからないと、なかなかできないところがありますので、結局その物件の近くにある地場の会社がやはり強いと思います。

ただ、管理を得意として客付けをしない管理会社もあります。自社でできなくても、他で客付けする仕組みができ上がっているのであれば、それはありだと思います。その辺はやはり、オーナーが把握して頼むべきです。

ポイントとしては、「管理料が安いこと」と「客付けができるか」です。その物件にとってベストな管理会社かどうかは、決してその会社の大きさや規模ではわかりません。

ほとんどの管理会社には、「投資家さんの物件の資産価値を上げる」という認識はありません。まれにそういった考え方ができる管理会社もあるのかもしれませんが、基本的にはほとんどの管理会社はそういう意識がなく、「ただ客付けする、管理する」それだけです。

何か修繕があったときにも、その規模によっては再投資が必要になると思うのですが、その再投資の効果がいくらぐらい出るとか、保険の活用といったことを知らず、ただ事務的にやっている会社がほとんどだと思います。

オーナーとして知識を付けるか、もしくはこの知識を持っているコンサルタントと付き合うしかないと思います。

管理会社との付き合い方

自主管理は、規模が小さければ可能ですが、物件数が増えてくると物理的に難しくなります。特にサラリーマン投資家は管理会社に丸投げするしかないのですが、それでも時折は見積書を確認する、2回に1回ぐらいは何らかのチェックやリアクションを返すことが大事かもしれません。全て任せっきりでは、管理会社側にも緊張感がなくなります。

とはいえ、原状回復工事で1円でも安くしたいとか、細かいところに厳しすぎるような人は、結局管理会社から嫌われて、客付けもされなくなってしまいます。侮られず、かつ嫌われずにチェックするように心がけてください。

投資家の著書によっては、「自分が現場に行ってチェックすべきだ」と書いてあります。それができれば理想だと思いますが、現実的に物件が増えていくとそれも難しいものです。だから2回に1回は見積もりチェックをして、あんまりうるさく言い過ぎないようにして、管理会社と信頼関係を結ぶのが理想的だと思います。

そもそも管理会社が工事などの手配をするということは、当然基本的にはマージンが乗ります。

この工事の手配などで取るマージンは、管理だけの会社の収益構造に組み込まれています。

これが売買仲介などをやっている会社であれば、仲介料などいろんなお金の入り方があるかもしれませんが、管理会社だけでやっている会社というのは、利益を得る機会が少ないわけですから仕方がないといえます。それを理解した上で使うべきです。

しかし、不当に工事が高いとか、例えばやってもいない工事で請求を上げてくるといったいい加減な会社もあります。特に投資家が遠隔にいる場合は、なかなか見に行けないので、そのような被害に遭うことも多いようです。やはり、任せっぱなしにしないで確認する仕組みをつくってチェックしていくか、いっそ管理会社を代えたほうがいいでしょう。

火災保険の有効活用

経年劣化（古くなって壊れたケース）は仕方がありませんが、支払いをオーナーに求める前に、火災保険が適用されるのかどうかを確認して提案できるのが望ましいです。

契約している保険内容にもよりますが、大雨や台風、雪といった災害に対して保険適用するケース、不審者のいたずらによる被害で郵便ポストが壊れた、通りすがりの車が塀にこすって門扉がゆがんだといったような、不慮の事故に対して保険適用するケースがあります。

不動産オーナーにとって使える保険はかなりあります。特に近年では、耐火技術の向上によって木造であっても燃えにくくなっています。すなわち、火災のリスクはどんどん減ってきているのです。

それに対して、増えているのが自然災害リスクです。台風、震災、雪災、落雷――実際の保険請求ではこれらの自然災害の方が火災を上回っています。

火災保険は火災に対する備えというよりも、あらゆる災害から建物財産を守るための保険という意味合いが強くなってきています。


火災保険でお金を払っているわけですから、保険を使うのは当然です。保険をきちんと使いこなすことは、思った以上に金銭的な効果があります。

ただし、保険はいざというときにしか引き出せない財布のようなものです。また、あくまで保険は金融商品となり、保険を使うためにはルールがあります。そこで大切なのは、契約条件です。保険料さえ払っていれば問題ないという認識は大きな誤解なのです。

あらかじめ契約条件で約束したものにしか保険金は支払われません。あくまで契約に基づいた条件が満たされたときにしか、保険はオーナーの財布として機能しないのです。

ただ、それは物件によっても変わるところがあります。新築では設備のトラブルが起こりにくいため、最低限でもいいと思います。逆に中古では、基本的な契約内容だけでなくて、なるべくオプションは付けた方がいいと思います。

もちろん、全ての修繕が保険対応するわけではなりません。「退去して壁紙張り替えますよ」というようなケースでは、当然ですが保険対応は不可です。ただしケースによっては保険で対応できます。

どういったケースでどのような補償が受けられるのかを、オーナー自身が全て把握するのは難しいので、やはり信頼できる保険会社の代理店、担当者と付き合うことが大切です。同じ保険会社の同じ商品であっても、代理店や保険担当の営業マンがどのように対応してくれるのかということで、大きく差が出ます。

当社で売買仲介を行ったケースでは、火災保険についてもコンサルティングを行っています。何かあったときには必ず火災保険の適用ができるか確認を行います。

そういった環境にない場合は、オーナー自身が勉強するしかありません。ただし、先述した通り、新築物件に合う保険の入り方、築古物件に合う保険の入り方など、物件によっても変わる部分があります。

不動産投資のセミナーは数多くありますが、賃貸経営については地主向けのものがほとんどで、保険セミナーはなかなかありません。当社でも、保険の相談に見えられるオーナーもいらっしゃいます。

なお、融資を受けるときに銀行が保険会社をお薦めしてくることもありますが、それは断っても大丈夫です。特定の保険を強要するのは法律違反だからです。

ただし手続きとしては、銀行が代理店となっている保険に加入した方がスムーズにいきます。質権設定されているから断れないと感じる人もいますが、投資家が選んだ保険で質権設定してもらうことは可能です。

質権設定

質権設定とは、火災保険などで保険契約をした物件が災害に遭ったときの保険金を請求する権利（保険金請求権）を被保険者が他人（質権者）に質入れすることをいいます。この場合、質権者は金融機関となります。

建物メンテナンスには3種類ある

賃貸経営において、建物維持も大切なポイントです。

ある程度コストを考えて建物をメンテナンスしていくことは必須で、そのためには、どのようなメンテナンス方法があるかを知っておきましょう。

メンテナンスの種類

予防メンテ……先回りして行うメンテナンス。
矯正メンテ……発生してしまったことに対して行うメンテナンス。
繰り延べメンテ……今はやらないというメンテナンス。

それぞれをどのように判断してやるかがポイントになります。屋上防水などは「予防メンテ」です。水漏れなどの場合は「矯正メンテ」です。そろそろ屋上防水をやった方がいいけれど、来年売却するのでやめておこう――それが「繰り延べメンテ」です。

予防メンテとは、先回りして行うメンテナンスを指します。例えば、水漏れなどがあれば、とにかく緊急で対応しなくてはいけません。また、夏場にエアコンが壊れたというケースも、一刻も早い対応が求められます。このような救急サービスというものは基本的に工事費は割高になります。

予防メンテを先にやっておくことで、トラブルが起こりにくくなり費用も割安で行えます。

夏の前、まだエアコンが安い時期に交換しておけば数万円は変わってきます。その他の工事でも見積もりを取って安く行うことができます。こういった設備の入れ替えや工事は空室のときにやってしまえば、入居者にも迷惑をかけなくて済みますし、また、「エアコンを替えたばかりです」というのは入居者にアピールできますので、客付けにも有利になります。

逆に繰り延べメンテというのは、出口を1～2年後と考えたときに、そのメンテナンスをしたことによって高く売れるのか、直したところで売値に関係ないところであれば、やらないという選択もあるということです。

古い物件を解体して、土地として販売するというところであれば、新たに建物をメンテナンスしても仕方ありません。だからあえてメンテをやらないと判断する――そういうものが繰り延べメンテです。

リフォーム業者の選び方・発注の仕方

次に工事会社の選び方、発注の仕方です。屋上防水、外壁塗装といった金額が高い工事では複数見積りは必要ですが、1円でも安くしたいあまり、質が悪い業者さんに当たってしまう可能性もあります。

特に防水というのは素人にはわかりにくい部分なので、安さを追求するよりも、ある程度信用がある業者に頼みたい工事です。

また、良心的な金額で良い工事を行っている業者は人気があります。繁忙期に頼もうとすると、忙しくて対応してもらえないこともあります。そのため人気のある業者に頼むときは、閑散期を狙って工事を頼むのも手です。繁忙期を外すことで、早い工期で対応してもらえたり、丁寧な施工をしてくれたりといったさまざまなメリットがあります。

ここ何年かは職人さんが少なくなっていますので、繁忙期には結構工事を断られることが増えているように思います。特に投資家は価格にシビアでコスト意識が高いので、断られることも多いのです。ですから、予防メンテを時間にゆとりをもって行うことがポイントです。

緊急の対応が必要な場合は、管理会社からリフォーム業者を手配してもらう方が早いですが、基本的に管理会社とセットになっている業者さんは、管理会社へ手数料や紹介料を支払っているケースが多くあり、割高です。

そのため、できれば自分で手配することを検討した方がいいと思います。リフォーム業者と火災保険の請求はセットになってくるケースも多く、物件ごとにある程度決まった業者さんがいた方が細かい工事も頼みやすいし、臨機応変に対応してくれます。

これも考え方がいくつかあり、管理会社へのマージンは無駄だから、全部自分で手配するという投資家もいれば、管理会社とは良好な関係を築いておきたいので、よっぽど金額のかさむ工事以外は管理会社に任せるという投資家もいます。

なんでも自分でやろうとしていると、やはりそれだけ手間暇がかかります。ある程度は投げて、その分の手数料としてある程度払うのは仕方ないという考え方です。

これは、投資家それぞれの考え方で良いと思います。ただし、外壁塗装や屋上防水、エントランスの改修などの大きな工事では、金額も大きいので、自分で手配した方がいいでしょう。

また、あまり細かいお金にこだわるのも考えものです。いかに安くできるかばかり追求すると、結局、業者さんからも嫌われてしまうので、節約したお金以上のものを失っているように思えます。

その他、業者が途中で倒産した、手抜き工事が行われたといったトラブルに遭うケースもあります。

第6章

出口戦略の嘘

「2020年東京五輪まで土地価格は上がり続ける」は嘘

東京オリンピックは、あくまで経済に連動する一つの要素

不動産価格は全体に上がっていますが、一番に高騰が見られる場所といえば、やはり都心部です。日本人投資家が購入するケースもありますが、海外の投資家が買っているケースが増えています。

オリンピック効果を期待して買っている投資家がたくさんおり、不動産価格が上がり続けているのです。

話を聞いていると、オリンピックというのは一つの要素で、その効果が顕著に出ているのが都心部の地価だと思います。結局、需要と供給のバランスで、投資用の不動産物件が少ないところに買いたいというニーズが増えており、価格高騰につながっているのです。

当然、オリンピックが近づいてくれば利益確定に入ってくるでしょう。まず、外国人投資家から売却が始まるのではないかと思っています。おそらくオリンピック直前には市場に売りがどんどん出て、市場価格は下がってくるのではないでしょうか。

つまり、都心の一部では東京オリンピックまで価格が上がり続けるのではなくて、オリ

ンピック数年前まで上がり続けるという認識の方が正しいように思えます。

外国人投資家ではなく、サラリーマン投資家のマーケットを見れば、物件が今、高騰しているいる理由として大きいのは、融資条件が緩和されているからです。

サラリーマン投資家が増えている状況に、かつ外国人投資家も参戦して、それぞれが「買いたい、買いたい」という気持ちで殺到しています。しかし、売り物自体はそんなにありませんから、値段が高騰していくのです。

外国人投資家というのは立地を重視するため、購入地域も主に都心部です。そのため、価格が落ち着いてくるのは、その辺りからではないかと予測します。

不動産は、やはり基本的には景気に左右されるものなのです。統計を見ていると、不動産の相場は、景気の波に少し遅れて、緩やかに変動します（P104の図を参照）。

東京オリンピックもまた経済に連動している、あくまで一つの要素と捉えます。その影響が出ているのは都心であり、連動して地方の相場が下がるのかといえば、一気に下落することはないでしょう。

大事なのは融資がつきやすいかどうかということで、融資が厳しくなれば、購入できる人も少なくなり、物件価格も落ちていくのです。

不動産の利益は出口で確定する

そもそも不動産投資というものは、出口で初めて利益が確定します。しかし、その認識を持っているオーナーが非常に少ないように私は感じます。

よく「不動産を買いさえすれば、ずっと不労所得が入ってくる」というようなイメージを持っている人がいるのですが、それは勘違いだと思います。不動産投資自体の持つスタイルは、インカムとキャピタルの2種類があり、キャピタルゲインにおいては出口が大切です。不動産投資はやはり出口を見て、なるべく短い間に利益を確定する方が、リスクは少ないのです。

ただ、現状では不動産投資はレバレッジが効かせやすい状況です。非常に融資が引きやすく、他人の資本を使って投資ができるので、ゼロからでも資産をつくりやすいと思います。

投資という面だけで考えれば、別に不動産だけではなくて、さまざまな投資があるわけです。資産を増やすという点においては、不動産投資が一番効率がよいと考えますが、安定した収益を得るというところでは、また違う投資がいいのではないかと思います。

なぜかといえば、不動産は不確定な市場で、流動性が低いからです。投資の種類と特性についての詳細は第10章で解説しています。

不動産投資で貯まったお金があれば、例えば5000万円程度のキャッシュができたときには、それをファンドや金融商品などで年間7~9％程度で運用して収入を得るといった投資手法も取り入れていくのが好ましいと考えます。

数字で見る不動産投資の収益シミュレーション

まずは不動産投資における基本的なスキームを、簡単にシミュレーションしてみましょう。

次ページの図表では、数字をわかりやすくするために税金や諸費用を除外していますが、本来は全部含めて収支シミュレーションをしてください。

売買にかかる税金は意外とバカにならないほど大きいですし、その人のポジションによって所得税率も変わりますので気を付けてください。

収支シミュレーションの例

Aパターン

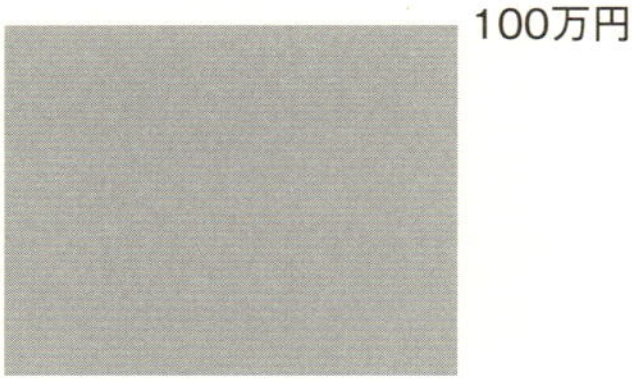

物件価格1000万円（利回り10%）

年間家賃収入100万円

A:自己資金1000万＝CF100万円→CCR10%

Bパターン

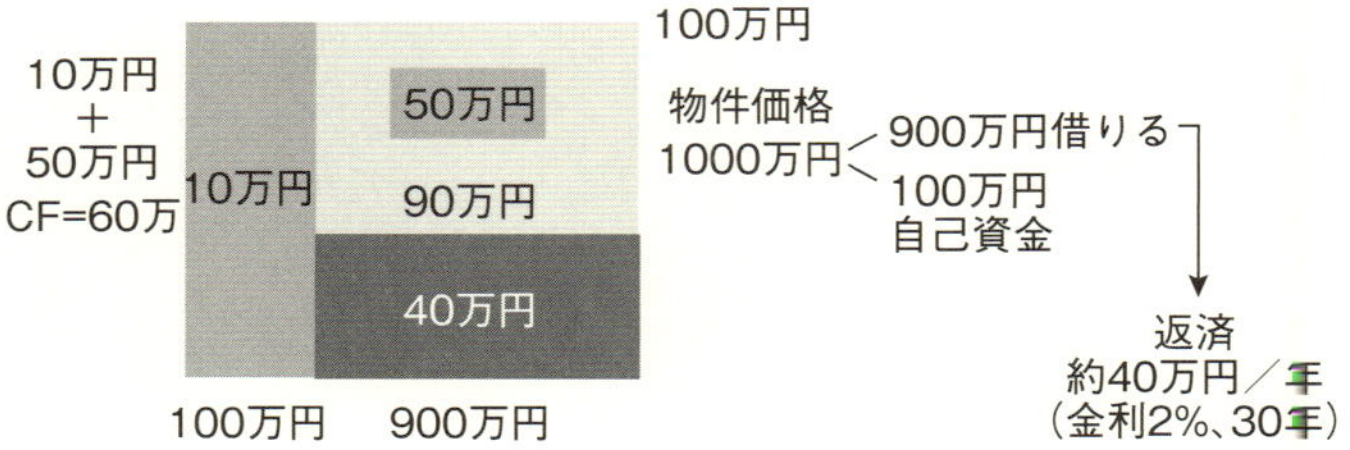

物件価格1000万円（利回り10%）

年間家賃収入100万円

年間返済額40万

B:自己資金100万＋融資900万（年間返済額40万）＝自己資金で得た家賃収入10万＋融資で得た家賃収入90万－返済40万＝CF60万円（※自己資金100万円で年60%の利益を得たことになる）→CCR60%

Cパターン

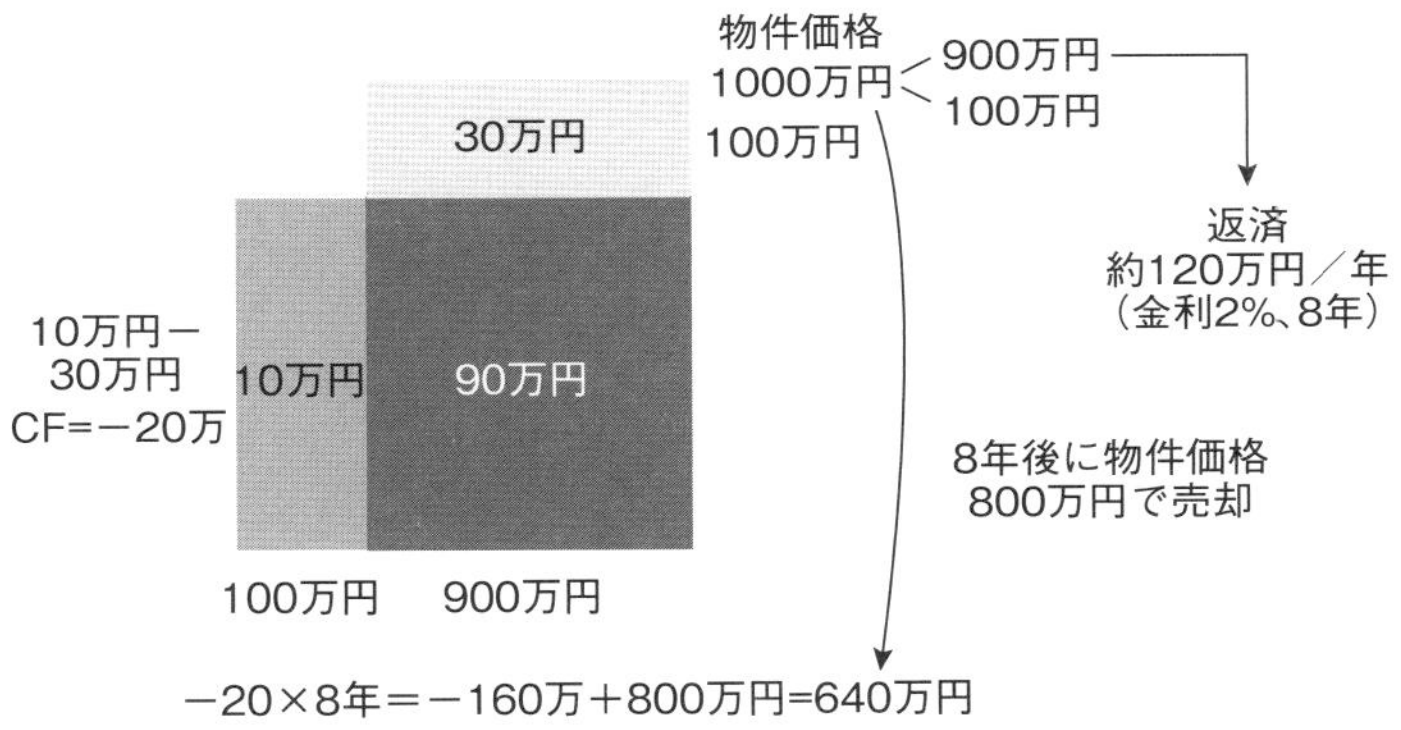

物件価格1000万円（利回り10%）

年間家賃収入100万円

年間返済額120万

返済期間8年

C:自己資金100万＋融資900万（年間返済額120万×融資期間8年）＝自己資金で得た家賃収入10万＋融資で得た家賃収入90万－返済120万＝CF－20万円（※自己資金100万円で年20%の赤字になる）

C' パターン

物件価格1000万円（利回り10%）

年間家賃収入100万円

年間返済額120万

返済期間8年

売却価格800万（8年後に売却）

C':売却金額800万－CF－20万×8年＝最終的なCF640万（※自己資金100万円で8年後に6.4倍の利益になる）

不動産投資というのは、他人の資本を使って投資できるところに利点があります。例えば、1000万円の収益物件で、利回り10%のものがあったとします。それを全額自己資金で購入した場合、CCR（自己資本利益率）は10%になります（Aパターン）。

一方で銀行から900万円を借りて、100万円の自己資金を投入するとします（Bパターン）。得られる利益は、自己資本と他人資本に分配されます。そうすると自己資本で得たお金が10万円、他人資本で得たお金が90万円で、年間家賃収入が合計100万円になります。

そこから他人資本で稼いだ収入90万円で、借りているお金を返済しなければいけません。例えば返済が月40万円だとすると、利益90万－40万で、残りの50万円が手残りになります。そこに自己資本分の利益10万円を足して、合計60万円がキャッシュフローになります。つまり自己資金100万円で60万円のキャッシュフローを得られる計算なので、CCRは60%になります。

不動産投資における出口の考え方

最終的な出口まで考えると、シミュレーションはどうなるでしょうか。

先ほどの1000万円の物件で、他人資本が900万円、自己資金100万円を出します（Cパターン）。

借りたお金の返済が約120万円で、返済期間は8年とします。前述と同じく他人資本の利益が90万円で、自己資本の利益が10万円になりますが、120万円の返済があります。

そうすると20万円のマイナスになってしまいます。この数字だけを見ると、誰もがこれは投資として失敗だと思うでしょう。

ただし、8年後には他人資本の返済が終わります。例えば、8年後に800万円で物件を売却するとします（C'パターン）。

返済8年でキャッシュフローが160万円のマイナスですから、最終利益は640万円のプラスになります。つまり自己資本100万円の投資で8年赤字続きでも、8年後になると640万円の利益が出るのです。

これが出口を見据えた投資のシナリオです。まさに不動産投資の醍醐味ともいえる部分だと思います。この考え方をしっかり理解して、出口まで見えているかどうかが勝敗の分かれ目になるのです。

投資家であれば、買うときに出口まで想定しておくべきです。しかし、物件を持っていても「出口がわからない」という人は意外と多いのです。不動産投資をかなり甘く見ていると言わざるを得ません。

将来の市況は誰にもわかりませんが、今建っている建物が10年後に築10年となることは決まっています。現状の利回りを基準にいくつかシミュレーションをして、購入前に出口を考えておくことが大切です。


出口を見ながら購入し運営をして、売却によって利益確定をするときに、次の物件をどうするかという問題があります。

銀行からすれば、お金を借りてもらいたいという本音があります。しかし、個人名義で購入する場合には借入限度額の問題もあります。それが法人スキームであれば、その縛りはありません。

つまり、個人のケースでは、既存の借入の状況により売却後の再投資が難しいこともあるのです。資産の組み替えはそういったことも考えて行いましょう。

購入時から出口を見据える

買った瞬間から出口を見るというのは、絶対必要なことです。例えば、出口を10年で見るといっても、10年後の経済状況は誰もわかりません。もう少し短ければ、大体予測はつくのかもしれませんが、せいぜい数年後といったところでしょう。

そのため、出口をシミュレーションするときには、「この物件が、あと10年築年数が経ったとき、今の市場であればどのくらいの価格で売れるか？」ということを1回考えてみることが大切です。

現状の相場で10年後、つまり築10年をプラスした築年数で計算します。ポータルサイトで検索すればどれくらいの相場（利回り）で出ているかが誰でも把握できます。そこを基準に悪かった場合、良かった場合で試算するのです。現状の景気によっては悪いパターンを二つにしても良いでしょう。

例えば、現状、市場としては過去と比較してもいい状態だというのであれば、もう1段階下げて悪い状況でのシミュレーションをつくって試算してみて「この辺りでいければいい」というラインを決めておきます。

そして期間10年を設定したのであれば、ちょっと前（6年、7年目ぐらい）から、きちんと市場を見ながら、今はどういった状態なのかを把握しながら、自分が定めたところで売却できれば一番いいと思います。

10年であれば、プラスマイナス3年ぐらいでチェックします。10年後の売却を想定して

出口シミュレーション

O　様　O　売却シュミレーション　2014/2/14

購入時の情報

所在地	構造	土地面積		建物面積		建蔽率	容積率	部屋数	築年数	利回り（満室時）
秦野市	鉄筋コンクリート造	1336.00㎡	404.14坪	1435.12㎡	434.12坪	50%、60%	100%、200%	26戸	17年	9.07%

今の相場

土地相場（坪）	建物解体費用（坪）	物件価格（税込み）	投資（自己資金）	不動産取得税
約 ¥370,000	約 ¥50,000	約 ¥284,000,000	約 ¥1,000,000	約 ¥7,634,734

土地相場＋解体費（5年目 土地値の行）

売却時表面利回り（売却条件の列）

築27年 残20年（10年目の行）

これまでのCF＋キャピタルトータル（総収益の列）

	売却条件	年間家賃収入	差引収益（累計）	売却額	投資金額	不動産取得税	売却諸費用	ローン残債	総収益
5年目	9%	¥25,246,592	¥29,031,379	¥280,517,688	¥1,000,000	¥7,634,734	¥8,899,307	¥265,651,759	¥26,363,266
	10%	¥25,246,592	¥29,031,379	¥252,465,919	¥1,000,000	¥7,634,734	¥8,015,676	¥265,651,759	¥−804,872
	11%	¥25,246,592	¥29,031,379	¥229,514,472	¥1,000,000	¥7,634,734	¥7,292,706	¥265,651,759	¥−23,033,348
	13%	¥25,246,592	¥29,031,379	¥194,204,553	¥1,000,000	¥7,634,734	¥6,180,443	¥265,651,759	¥−57,231,005
	土地値	¥25,246,592	¥29,031,379	¥149,531,800	¥1,000,000	¥7,634,734	¥26,479,442	¥265,651,759	¥−122,202,756
10年目	9%	¥24,744,185	¥53,170,013	¥274,935,386	¥1,000,000	¥7,634,734	¥8,723,465	¥223,980,721	¥86,766,479
	10%	¥24,744,185	¥53,170,013	¥247,441,847	¥1,000,000	¥7,634,734	¥7,857,418	¥223,980,721	¥60,188,987
	11%	¥24,744,185	¥53,170,013	¥224,947,134	¥1,000,000	¥7,634,734	¥7,148,835	¥223,980,721	¥38,352,857
	13%	¥24,744,185	¥53,170,013	¥190,339,883	¥1,000,000	¥7,634,734	¥6,058,706	¥223,980,721	¥4,835,734
	土地値	¥24,744,185	¥53,170,013	¥149,531,800	¥1,000,000	¥7,634,734	¥26,479,442	¥223,980,721	¥−56,393,084
15年目	9%	¥24,009,258	¥76,252,575	¥266,769,530	¥1,000,000	¥7,634,734	¥8,466,240	¥177,236,236	¥148,684,894
	10%	¥24,009,258	¥76,252,575	¥240,092,577	¥1,000,000	¥7,634,734	¥7,625,916	¥177,236,236	¥122,848,265
	11%	¥24,009,258	¥76,252,575	¥218,265,979	¥1,000,000	¥7,634,734	¥6,938,378	¥177,236,236	¥101,709,205
	13%	¥24,009,258	¥76,252,575	¥184,686,598	¥1,000,000	¥7,634,734	¥5,880,628	¥177,236,236	¥69,187,574
	土地値	¥24,009,258	¥76,252,575	¥149,531,800	¥1,000,000	¥7,634,734	¥26,479,442	¥177,236,236	¥13,433,963
20年目	9%	¥23,531,473	¥94,584,164	¥261,460,816	¥1,000,000	¥7,634,734	¥8,299,016	¥124,800,611	¥214,310,619
	10%	¥23,531,473	¥94,584,164	¥235,314,735	¥1,000,000	¥7,634,734	¥7,475,414	¥124,800,611	¥188,988,139
	11%	¥23,531,473	¥94,584,164	¥213,922,486	¥1,000,000	¥7,634,734	¥6,801,558	¥124,800,611	¥168,269,746
	13%	¥23,531,473	¥94,584,164	¥181,011,334	¥1,000,000	¥7,634,734	¥5,764,857	¥124,800,611	¥136,395,296
	土地値	¥23,531,473	¥94,584,164	¥149,531,800	¥1,000,000	¥7,634,734	¥26,479,442	¥124,800,611	¥84,201,177
25年目	9%	¥22,832,565	¥112,009,459	¥253,695,169	¥1,000,000	¥7,634,734	¥8,054,398	¥65,980,951	¥283,034,544
	10%	¥22,832,565	¥112,009,459	¥228,325,652	¥1,000,000	¥7,634,734	¥7,255,258	¥65,980,951	¥258,464,167
	11%	¥22,832,565	¥112,009,459	¥207,568,774	¥1,000,000	¥7,634,734	¥6,601,416	¥65,980,951	¥238,361,131
	13%	¥22,832,565	¥112,009,459	¥175,635,117	¥1,000,000	¥7,634,734	¥5,595,506	¥65,980,951	¥207,433,384
	土地値	¥22,832,565	¥112,009,459	¥149,531,800	¥1,000,000	¥7,634,734	¥26,479,442	¥65,980,951	¥160,446,131
30年目	9%	¥22,378,197	¥140,428,100	¥248,646,635	¥1,000,000	¥7,634,734	¥7,895,369	¥0	¥372,544,631
	10%	¥22,378,197	¥140,428,100	¥223,781,971	¥1,000,000	¥7,634,734	¥7,112,132	¥0	¥348,463,204
	11%	¥22,378,197	¥140,428,100	¥203,438,156	¥1,000,000	¥7,634,734	¥6,471,302	¥0	¥328,760,219
	13%	¥22,378,197	¥140,428,100	¥172,139,978	¥1,000,000	¥7,634,734	¥5,485,409	¥0	¥298,447,984
	土地値	¥22,378,197	¥140,428,100	¥149,531,800	¥1,000,000	¥7,634,734	¥26,479,442	¥0	¥254,845,723

↑ 上記%は転売時の利回り、土地値は解体して（解体費用は売却諸費用に含む）更地で売却した場合です。

※（差引収益〈累計〉＋売却額）－（投資金額＋不動産取得税＋売却諸費用＋ローン残債）＝総収益

※概算です。

いるのであれば、7年目から13年目で自分が想定している相場のときに売却するかどうかの判断を行いましょう。6年の期間があれば景気の波もある程度変わっているので、想定どおりに行く確率も高くなります。

もちろん、設定はしていても、ずっと市況を見て売却時期は今ではないと思ったら、所有し続けるのも良いでしょう。その場合も、この後に説明する転売時の融資にも気を付けて、再度設定してみることをお薦めします。

売却の際の融資付け

出口を決める上で大事なのが、次の人が買えるかどうか――すなわち、「ローンが組めるか」ということです。そこで重要な役割を果たすのは、各銀行の融資の方針です。大手都市銀行であれば、耐用年数で見るケースが多いです。

私がご相談を受けている中で「これどうなってしまうのか？」と懸念するパターンは、地方の築古RC物件で耐用年数以上にローンを延ばしているケースです。

まず地方の場合は、「融資可能な銀行がどれくらいあるか」、そして「ローンの年数」を確認します。地方の場合、エリアの広い都市銀行が融資エリア内になりますが都市銀行は耐用年数引く築年数となり、長期間のローンが組みにくいのです。

現状では融資をつける銀行がありますが、10年後などに出口を迎えようとしてもかなり厳しいのではないかと思います。

融資に積極的な特定の銀行を使った場合、抵当権以内でなければいけません。ある程度残債が減っていなければ、年数が必要となります。つまり、次の購入者のローン期間が取れにくくなるのです。そのため、買主は他の銀行の融資を受けて購入する必要があり、出口のハードルは上がってしまうのです。

誰も買える人がいなければ、当然のことながら売却は難しくなります。このような事実を、買っている当の本人が知らないケースも多く、私との面談で話を聞いて「えっ、そうなんですか！」とショックを受けている人もいます。


売れなければ、とりあえず割り切って持ち続けるしかないのですが、最後の出口として「土地」の売却を考えるパターンもあります。

その他、再建築で新築を建てるケース、リノベーション（再生・刷新）の三つのパターンがあります。その場合もリノベーション費用なども計算しましょう。リノベーションとなれば耐用年数は延びませんが、再建築であれば耐用年数がリセットされるので、出口も見えやすくなります。

しかし現在、土地の相場、解体費用も考えたときに、採算が合わないケースも多くあります。都心部は路線価格よりも実勢価格が上ですが、地方では路線価格よりも実勢価格が逆に低く、逆転してしまっている場所が多いのです。

また、最終的な出口に土地を見た場合、ＲＣ物件の解体にはそれなりのコストがかかります。運営している間の修繕費用もかかります。規模にもよりますが、外壁塗装と、屋上防水で数百万円、それ以外に諸々、付帯設備なども壊れてきますので修理や交換が必要です。

ここまで考えると、最終的に全然儲かっていない、逆に収支がマイナスになっているケースもあるのです。そうなったときに、不動産投資をやっている意味があるのかという話です。

もちろん購入して何年かはキャッシュフローは出ているのですが、そこのプラス部分が、後の修繕費用や、出口の解体費用でどんどん吸われてしまいます。

中には、土地の相場もあまり良くなくて、結局売るとマイナスになるケースもあります。

つまり、フルローンが組めて、何もお金を使わずにキャッシュフローが入るという、それだけで買っている人がいるということです。

逆に言うと、今はそういう物件でも売れる時期です。数年前に買っていた方が今出口を迎えて、当時より値段が上がり、儲かっている人もたくさんいます。

購入タイミングが変われば、相場も変わってくるもので、その点からいえば今は絶好の売り時なのです。

地方築古ＲＣ投資の実例

以前、ご相談いただいたお客様がそうでした。すでに物件２棟を所得されています。この先も買い進めたいという希望があり、属性もよかったのですが、所有しているのが地方にある築古で出口が見えにくい物件でした。高い金利の融資をオーバーローンでひいて購入されています。

目標も高くて「月１００万円のキャッシュフローがほしい」という希望をお持ちでした。現状ではそれは厳しいという話をしました。そして、それはなぜかという理由も説明して、出口の話をしたところ絶句されていました。

どうやら別の不動産会社で「早くしないと売れてしまいます」「自己資金なしで買えるなんて、そんな物件めったにないですよ」と煽られて、あまり深く考えずに購入してしまったようです。

そのときに相談した先輩投資家からは「買えるんだったら買った方がいいよ」という後押しを受けたそうです。融資戦略や出口なんてことは知らずに、出口が見えない築古物件を購入してしまった失敗事例です。

そもそもオーバーローンで買っているため、購入時よりもかなり価格を上げて売らないといけません。さらに、個人名義なので譲渡税もかかってきます。

その部分も、プラマイゼロでいきたいというご意向でした。そうした場合、購入して5年以内となるため長期譲渡税39％がかかります。その分を賄うには、またそれを上乗せしないといけません。

このような物件を購入されている投資家は多く、「これ、今売れますか？」と問われることもよくあるのですが、購入時と同じ銀行が使えない場合もあります。

結局、ローンをつける銀行がないので売れないのです。他を打診して借り入れ可能な銀行があれば、売れないこともありません。しかし、やはり難しいラインではあると思います。

不動産譲渡所得税

不動産の譲渡所得税とは、個人が不動産を売却したときの利益にかかる税金で、所有期間によって税率が変わります。法人には譲渡所得税はありません。

・短期譲渡　売却した年の1月1日現在で「所有期間5年以下」の場合、所得税と住民税合わせて39％の短期譲渡税がかかります。

・長期譲渡　売却した年の1月1日現在で「所有期間5年超」の場合、所得税と住民税合わせて20％の長期譲渡税がかかります。

こういったお客様からは「では、どうすればいいのですか」と聞かれますが、「もう、割り切って持ち続けましょう」としか、提案のしようがありません。

とある有名投資家は、「大型ＲＣの収益不動産はババ抜きなので、自分は大規模修繕が発生する前に売ってしまう」と言い切っています。それくらい割り切って自覚しているのならいいと思いますが、次に買う方は購入時点で失敗が確定しているようなもので、本当にババ抜き状態だと思います。

昨日、相談に来た投資家も、今はそのババを引いてしまった状態ですが、融資できる銀行があって、もう1回売って、そのババを誰かに引いてもらえれば助かるのです。ここでいうババとはスナップショット――つまり瞬間で見れば魅力的に見える物件ですが、ビデオで見るとあまり儲からないものをいいます。

木造物件の出口

新築の木造アパートも最近流行しています。木造の新築の出口はおおよそ6年目、7年目ぐらいから市場を見ていって、10年前後で売却していくのが一番効率がいいでしょう。築10年ぐらいの木造であれば、その価格帯、エリアにもよりますが、融資は受けられると思います。

ただし、解体費が高額なRC物件に比べて、木造であれば解体費も安いので、木造の場合は持ちきって、最終的に土地として出口を見ても、投資として成り立つ可能性が高いでしょう。

例えば、木造の築古アパートを買ったとして、建て直す前提で考えていくというのもありですし、出口の考え方はいろいろあると思います。

これが、木造の戸建て住宅であれば、いろんな出口が取れます。そこでも、解体費用も全部入れ込んで、シミュレーションを行って判断しましょう。

やはり、金額が大きくて壊すのにお金がかかる方が、出口に対しては厳密に見ておかないと痛手が大きくて身動きがとれにくくなります。

万が一、失敗物件を購入してしまったとき、ババ抜きで、ギリギリセーフになるかどうかの判断は、築年数や構造にもよります。また、エリアも結構大事だと思います。なぜかというと、地方だと融資を受ける金融機関が少なくなるからです。

首都圏にあれば、耐用年数を重視せずに融資してくれる金融機関もありますが、地方はなかなか厳しいでしょう。出口としては、その地方の地元に住んでいる投資家が、地元の信用金庫を使って買うというレベルだと思います。当然、確率は非常に低くなります。

首都圏の投資家が地方の金融機関を使うのはかなりハードルが高いのです。お父さんやお母さんの実家があるといった何か関係性がないと、一見さん（初めて取引する人）で、地方の地銀・信金からいきなりアパートローンを融資してもらうというのは非常に難しいと思います。

価格帯も、２０００万~３０００万円ぐらいまでであれば、現金購入する層もいます。しかし、金額が１億円以上になってくると、現金で買う人がどれだけいるかという確率の問題です。

出口戦略における物件の耐用年数

耐用年数から融資期間を判断する銀行もあります。

例えば、RC造の物件では耐用年数は47年。出口をどれぐらいで見るかにもよりますが、次に買う人が最低で20年は組める状態でないと厳しいと思います。そうすると残り、47から20引くと築27年が目安です。

出口から見て逆算すると、買う物件が築20年の場合、最低の出口を考えるのが7年後ということになります。7年ぐらいだと、おそらく残債も減っていると思いますし、ある程度採算が合うとは思います。

それが例えば、築25年を購入した場合、この残存20年まで残り2年しかありません。2年後の出口を見て採算が合うかどうか考えなくてはいけません。

買うときの条件にもよりますが、自己資金0、オーバーローンで買った場合などは、2年ではそんなに残債も減っていないと思います。今と同じぐらいの利回りか、それ以下の利回りで売っていかないとなかなか利益が出ませんので、ある程度、市場が上がっていないと難しいのです。

自分が売るということは、次に買う人がいるということ。次に買える人がいるのかというところも見ながら、いろいろシミュレーションしてみるといいと思います。

多くの投資家が出口戦略をきちんと考えていません。これでは、なかなか利益を残しながら資産規模を拡大していくことは難しいのではないでしょうか。

今すぐではなくても、例えば2年刻みで「最低でもここまでで売らなきゃだめだ」というところを確認していきましょう。そこから経済状況を照らし合わせてみて、今売っておいたほうがリスクが少ないと判断するか、もう少し猶予期間があるから、もう少し待とうと判断するか、とにかく常に出口を意識するところが重要だと考えます。

今は売り時かどうか

「今は売り時でしょうか」とよく聞かれますが、今が売り時だとは一概に言えません。もちろん、購入時の条件にもよってても変わってくるものですし、投資家にもよります。

そこは投資家自身がCCR、IRRを見て判断すべきです。しっかりシミュレーションをして、結果として資産が増えるのであれば売り時と判断します。

2016年2月にマイナス金利が発表されて風向きが変わりました。いわゆるアパートローン、個人の収益不動産物件に融資するローンは、ここ何年かで見ても、非常に多くなっていると思います。おそらくリーマンショック前のミニバブル時よりも多いでしょう。

考え方としては、収益還元法で出す銀行が増えています。つまり、積算評価だけでは見ないということです。

中には投資家を属性では判断しない銀行もあります。世の中には多くの銀行がありますが、その評価方法もさまざまなのです。その全てを把握することは難しいのですが、この部分が出口に直結します。

あとは、経済の状況と融資の状況を重ねて一番良いタイミングを探っていく。結局、それができるのはやはりプロだけです。それぞれの銀行の状況を把握しながら、出口まで考えていくというのは、投資家のレベルにもよりますが、なかなか難しいと思います。

銀行評価の種類

銀行評価には収益還元評価と積算評価があり、銀行によってどちらを重視するかで変わってきます。本来は積算評価がメインだったのが、最近は収益還元評価も増えており、銀行によっては両方を見るケースもあります。

漠然と買ってはいけない

購入前には「どうしてその物件を購入するのか」を真剣に考えてみてください。誰から薦められたからと、漠然と購入してしまうから出口で苦労するのです。

地方のRC物件が全部悪いと言っているわけではありません。ただ、買い方と買う物件が間違っている可能性はあります。買ってから「しまった」と言っている人が本当に多いのです。

地方のRC投資がなぜこんなに流行っているのかというと、物件が高騰している中で、特定の銀行に頼り切ったスキームでやられている業者さんが多いのです。

高金利の融資を使うためには、それに合う利回りを探していくと、もう地方しかありません。単純にそこだと思います。ただ、物件価格としては1億円までであれば何とかなるというイメージです。まだ他でカバーできる可能性もありますし、高利回り物件ということで、持ちきってもいいわけです。

もし、どこかの銀行でうまく借り換えができれば収益も上がるでしょうし、1億円ぐらいの物件なら高額な費用がかかるエレベーターがついてない物件も多く、修繕費もさほどかかりません。

残債が減っているようであれば、ある程度値段を下げて売れば買う人はいます。高利回りで売れるのであれば、もしかしたら業者が買ってくれるかもしれません。

また、1億円程度の規模であれば、次の2棟目、3棟目でそれを補うような物件を買っていけばリカバリーがききます。

最初の物件が築古で修繕費もかかるという場合は、築浅や新築の物件などを追加購入することで、お互いのメリット・デメリットを補うようなポートフォリオを組むことができます。

ただ、すでに個人の枠を使い切っているケースでは、違う種別を買い足して補うということは、やりづらいかもしれません。次の一手をどうしていいかわからなくなるケースがほとんどです。

日本人の不動産知識は低い

不動産は、買った時点で大抵のことは決まってしまいます。

日本はやはり海外に比べると、投資の知識が非常に低いと思います。アメリカなどは投資としての知識、一国民、一人ひとりのレベルというのが、日本と比べると高いと思います。

第3章で紹介したCPM®はアメリカの不動産投資の専門資格ですが、日本には専門的な資格というのはまだないと思います。

そこでもやはり重視するのは出口です。出口で初めて利益が確定するという考え方で、IRRといったさまざまな指標で比較して、「じゃあ、これ投資したらどうか？」というところで、判断をして不動産を購入していきます。IRRとは、「内部収益率」を意味し、投資したすべての現金が生んだ、収益の率を指します。

私自身もいろいろ投資をしていますが、これが本来の投資だと思います。皆さんが持っている不動産投資のイメージというのは、買ってずっと不労所得が入ってくるというイメージですが、それは種類としては不動産投資ではないと思います。

不動産投資である程度お金を生んで、それを安定的なところに投資するというのが、日本人の考えにはありません。

安定度でいうと、むしろ私が今海外でやっているファンドをはじめとした他の金融商品の方だと有効だと考えます。しかし、それをある程度やっていくには、やはり元手、つまりキャッシュが必要になるわけです。

不動産投資の指標　IRRとは

物件:1億円　　自己資金:1000万
ネット利回り(FCR):10%　融資:9000万　2.5%　30年
5年後に売却　残債7900万　5年後の相場の利回り11%

N	
0	(1000万)
1	573
2	573
3	573
4	573
5	573 ＋ 1190万
	＝ 1763万

IRR＝58.53%

0が初年度、自己資金1000万円です。上記の融資条件でいけばキャッシュフローは573万円となります。5年続いた後に売却します。9090万円で売却すると、残債から引いた金額が1190万円となります(売却諸費用は入れていません)。そこに5年目のキャッシュフロー573万円を足すと、5年目の利益(CF+売却益)は1763万円となります。この投資のIRRは58.83%となります。

この計算を行うには、エクセル(下図参照)もしくは金融電卓(HP10Ⅱ)を使います。iPhoneのアプリでもあります。

B8　fx　=IRR(B2:B7)

	A	B	C	D
1	N			
2	0	-1000		
3	1	573		
4	2	573		
5	3	573		
6	4	573		
7	5	1763		
8		58.53%		
9				

何千万円かの余剰金があれば、年間で例えば6%、7%の利回りでもいいのです。日本人はまだ投資に対しての意識が総じて高くなく、そこまで考えられていない人が多いのではないでしょうか。アメリカではそういう人はたくさんいますし、香港にもたくさんいます。香港には年金がないですから、みんな自分でしっかり運用しています。私自身も香港やオフショアの金融機関で運用を行っています。

年金も、今後の世代は払った以上にはもらえないことがはっきりしています。確かに40代から50代の方で不動産投資を始める人のきっかけで多いのは、やはり年金、老後の不安です。

この年代では、会社でのポジションや今後自分が稼ぎ出せるお金も見えてきて、逆に子どもや親の介護のことなどで、これからいかにお金がかかるのかもわかってきます。しかも、20代や30代ならまだ転職して収入が上がる可能性もあるとは思うのですが、40代、50代ともなると今より年収を上げるのは非常に難しいです。

そうやって考えると、今から何かやるとなると、不動産投資以外ないという選択だと思います。不動産投資だけが唯一、自分が動かなくてもレバレッジがかけられてお金を生むことができるということです。

ただ、投資にはいろんな方法、投資先があるので、その特性までちゃんと勉強するべきです。

不動産投資は時間がかかるので、利益を確定して違うところにお金を出すところまで行けている人が、まず少ないというのもあります。

また、不動産投資では利益確定をしながら買い進んでいる人も、まだそんなには多くないといえます。やっている人も確かにいるとは思うのですが、そういう人はやはりレベルが高い人です。

不動産投資だけにこだわらない

一般的な社会観念だと、「ローンは悪で、繰り上げ返済するべきだ」というような話になりますが、これはまったく逆です。現金が手元にない方がよっぽどリスクが高くなります。

借金には、良い借金、悪い借金がありますが、不動産投資をしている人は、その考え方ができているのだと思います。

私は資産形成に不動産投資が有効だと考えていますが、投資として一番正しいということではありません。資産を増やして安定的な収入を得たいのであれば、別に不動産投資だけにこだわる必要もないわけです。

ただ、投資にもいろんな種類があり、お金がない中で資産を増やしやすいのが不動産投資だというのは間違いありません。他人の資本を使って投資できるのが最大のメリットですから、繰り上げ返済するのはナンセンスです。

とはいえ、利益を確定させずにずっと保有するというのは、不動産投資ではありません。成功したいのであれば、シミュレーションをして、何年で転売したほうがいいのか。もしくは、持ち続けたほうがいいのか。持ち続けた場合にはちゃんとプラスになるのかどうかを試算しましょう。持ち続けてもマイナスになるのであれば、早めに確定させて次の投資を行います。

ただし「必ず○年以内に利益を確定させなくてはいけない」というわけではありません。きちんとシミュレーションした結果、持ち続けたほうがいいと判断したのであれば、それはそれでいいのです。

避けるべきなのは、ただ漠然と所有しているだけという状態です。常にアンテナを張って出口を見据えていきましょう。

第7章

法人化の嘘

「〝5棟10室〟になってから法人化しなさい」は嘘

法人になるべき真のタイミングとは？

不動産投資の事業規模として、目安になる規模が「5棟10室」です。これは個人の確定申告で青色申告を行う際の基準となっています。

この規模になれば、「事業として認められる」ということで、これをきっかけに法人設立を検討されるサラリーマン投資家も多いようです。

法人になるタイミングですが、私は、最初の1棟目購入の時点から法人化するのがいいと考えます。属性と金融機関の関係で、法人名義で使える銀行がある場合に限ります。

私自身も個人で物件を買ったことはありません。私は28歳から買っていますが、最初から法人名義です。

最初から法人で買うのには理由があります。まず個人の場合だと、譲渡時の税率が短期と長期で変わってきますが、法人であればそれが関係ありません。

また、個人の場合だと今の収入に家賃収入がオンされてしまうので、累進課税で個人の所得税がどんどん上がっていきます。個人の場合ですと、そこでの節税方法がほとんどないのです。

生命保険の所得税控除も最高で4万円です。だから100万円の生命保険に入っていたとしても、控除できる額はそれ以上増えないのです。

それに比べて、法人の場合は、さまざまな節税の仕方があります。年収が高く、ある程度買い進みたい人であれば、最初から法人で購入するのをお薦めします。むしろ個人で買う必要性はないように感じます。

ただ、自分の属性や年収や残債によって、使える銀行が決まってきます。さらにその使える銀行の中で、「法人名義でもいいですよ」という銀行となると、また限られてきます。

法人で融資を受けるのは、たしかにハードルが高い部分がありますが、審査に限って言えば、法人名義で可能な銀行であれば、基本的には審査は個人と一緒です。

ただ銀行によっては、個人の場合はパッケージ商品が用意されていて、築古物件など本来は借りにくい物件にも融資を出しています。一方で法人の場合は、パッケージローンではなくて、プロパーローン（案件ごとのオーダーメイド）になってしまいますので、この銀行の場合はハードルは上がります。

業者の言う通りに買ってしまったケースでいえば、いわゆる地銀のパッケージローンを個人で使い切ってしまうと買い進めるのが難しくなります。

持っている資産にもよりますが、こうなってしまえば法人として買うこともできなくなってしまう場合があります。

銀行の選択肢はむしろ増える

法人になると、個人にしか融資しない特定の銀行が使えなくなります。それをデメリットと感じる方もいるかもしれません。しかし、あえて特定の銀行を無理に使わなくていいのではないかというのが私の持論です。ある程度、年収が高い人というのが条件にはなりますが、メガバンクから地方銀行まで数え切れないぐらいの銀行が使えますので、特定の銀行にこだわる必要はありません。

とある銀行から融資を受けているオーナーは、「そうなのですか？　この銀行でないと借りられないと言われました」と驚かれます。これも業者の嘘の一つでしょう。特定の銀行だからオーバーローンやフルローンができて、その他の銀行では頭金1割を出さないといけないというのは思い込みです。

融資スピードの速い銀行であっても、原則は頭金1割プラス諸費用が絶対に必要です。買いたい投資家にとっては大きなチャンスですが、そうやって融資がついてしまったばかりに、本来なら買うべき物件でない物件を個人で購入してしまった話もよく聞きます。

法人は一般的には、例えば3期黒字申告して初めてお金が借りられるというイメージを持たれていますが、それは実際には関係ありません。

結局、個人の資産管理会社というところの位置付けなので、銀行も個人で買うよりも法人で買った方が税金が安いとか、そのあたりの事情はわかっているので、個人の信用でお金を貸すわけです。

だから、別に不動産で実績をつくらなくても、最初から法人で買うことはできます。そこはもう、個人と一緒です。その銀行によって、法人名義がOKかどうかというのはありますが。

法人と個人で審査が違うかというと、ほとんどの銀行は何も変わりません。審査自体が個人の年収とか属性を見るので、単に名義が個人名なのか法人名なのかだけです。

ただ先述したように、銀行は個人のパッケージ商品でやるケースが多いので、やはり法人はかなり敷居が高くなってしまいます。

これが知られていないのは、特定の銀行でやりたい業者が多いからではないかと思います。この銀行の特徴は、個人に対して審査スピードが速いことが利点です。

販売する側からすれば、審査結果が速い方が買える可能性が高いですから、都合がいいのです。あえてそういう話もしないのではないでしょうか。

「いきなり法人は無理ですよ。まずは個人で買いましょう。法人で融資が組めるのは特定の銀行しかないです」という流れで、個人契約するのが一番彼らにとっては楽だからです。

どんな人が法人に向いているのか

先述した通り、一般的に法人化を考えたときに出てくるのは「事業規模」です。税務上では「5棟10室」が事業規模の目安とされています。

一口に5棟といっても6室のアパートが5棟あるのか、30室のマンションが5棟あるのかで事業規模が大きく変わってくるのですが、そこにこだわって法人化するのはやめましょう。

法人化のタイミングを考えたときに、もっとも大事なことは事業規模ではなくて、その投資家の年収です。それから、どれだけ買い進めたいのかということも関わってきます。

買い進めていくことを考えた場合では、資金調達は必須事項です。法人を使えばやり方によっては無限に借りられますが、個人で借りる場合では、数億円で頭打ちになります。

これまでの不動産投資家は、個人で借り切った後に、法人で買い進める方法をとっていました。そうではなくて、最初から法人にすれば、この頭打ちはありません。

また、もう一つ大事なことは、そもそも不動産投資でお金を借りられる人には、属性が良く年収の高い場合が多いです。つまり、元々の所得税率が高いわけです。サラリーマンで得ている所得に対して不動産収入が入ってくると、そこに所得税がかかってきます。

そのため、不動産投資での利益がたとえ数百万円程度であっても、個人の場合は累進課税ですから、税率がさらに高くなってしまいます。最高税率であれば半分近くが税金となります。

そうすると、多少儲かってもあまり意味がありません。そういった問題を考えた際に、法人の方が使える手が多いのです。

その他、法人のメリットをいえば、「役員報酬で家族へ所得分散できること」があげられます。役員報酬に対して給与所得者控除が適用され、法人への管理費は損金となります。また、役員退職金や生命保険を使った節税対策が可能となり、相続税発生時に土地評価の減額が可能です（サブリースと物件所有時）。最後に赤字決算となっても、欠損金の繰越ができます。これは、個人で3年間、法人で9年間と決められています。

一方、法人のデメリットとしては、コストがかかることです。法人を立ち上げるための

所得税率

課税される所得金額	税率	控除額
195万円以下	5%	0円
195万円を超え　330万円以下	10%	9万7500円
330万円を超え　695万円以下	20%	42万7500円
695万円を超え　900万円以下	23%	63万6000円
900万円を超え　1800万円以下	33%	153万6000円
1800万円を超え　4000万円以下	40%	279万6000円
4000万円超	45%	479万6000円

費用、毎年の法人住民税、税理士費用も個人に比べれば高くなります。しかし、普通に個人で買うことに比べると、そこを打ち消すぐらいのメリットがあると思います。

節税の効果も大きいですし、特に所得税の高い年収が1000万円以上いっているのであれば、個人で買うメリットはまったくないと思います。

政府は今後も、グローバルに対応するため法人税は下げていくという方向性です。一方、個人の所得税は、住民税の10％をプラスすると、最高税率は55％になります（※住民税は所得にかかわらず10％）。

法人をどうつくればいいのか

法人にするというのも、税金が絡むと難しく感じます。不動産投資における法人には種類があります。管理法人と所有法人です。

会社の種類

会社形態は「株式会社」「合同会社」「合名会社」「合資会社」の4種類があり、不動産投資では、「株式会社」「合同会社」が向いています。

・合同会社　合同会社は新会社法で新たに認められた会社形態で、少ない設立コストで済むのが特徴です。有限の間接責任を負います。

・株式会社　株式の引受価格を限度とする有限の間接責任を負う株主だけからなる会社。会社法改正により資本金規制が撤廃され、1人でも株式会社が設立できるようになりました。

不動産投資における会社の種類

・不動産管理会社　個人もしくは他の法人が所有する賃貸不動産の管理運営を行う法人。
・不動産所有会社　プライベートカンパニー。保有法人は資産そのものを法人で所有する個人の資産管理会社です。

いくつかある法人スキームで多数の法人を作る場合は、合同会社でもいいと思います。理由としては、「初期費用が低い」。ただ単純にそこだけです。

基本的な考え方でいえば、不動産管理会社は、個人の賃貸部増産の管理のみを行います。個人の賃貸業から法人へ移せる利益は、家賃収入の5〜8％程度が目安とされています。

サブリースでは、個人所有の不動産を法人がオーナーから満室時家賃総額の約85％から90％を目安として一括借り上げを行い、法人に収入を移行させる手法です。このあたりの判断は税理士によっても見解が変わる部分です。

プライベートカンパニー——不動産所有会社を設立することで、法人スキーム、節税といった大きなメリットを得られます。

2種類の管理方式

・管理委託　集金業務、入居者あっせん、契約更新、トラブル対応、建物維持といった賃貸物件に係る管理業務全般を委託する。

・サブリース　物件を一括賃借して、分割またはそのままの規模で第三者に転貸する事業形態。

法人化とマイナンバー

サラリーマン投資家が法人化を検討するときに、もっとも懸念されるのが「会社の副業規定に抵触するのではないか」ということです。よく質問を受けるのですが、今のところその心配はありません。

ここで簡単に説明しますと、個人に配布されるマイナンバーとは別に、法人に対しては法人番号があります。マイナンバーについては個人情報ということで取り扱いが慎重になりますが、法人番号は一般に公開されています。国税庁のサイトで簡単に検索することもできます。

ただし、ここで出てくる情報は、法人番号、法人の名称、法人の所在地の三つだけなので、法人の所在地を登記する場所さえ自宅とは変えておけば大丈夫です。

今後はこの三つだけでなくて、もっと＋αになる可能性もあるのではないかと言われていますが、私は多分ないと考えています。

個人のマイナンバーというのは、かなり厳重に管理されています。そこに例えば、法人マイナンバーに代表者、代表者の住所を入れるとなると、個人情報保護の観点から大きな問題になると思います。ただ、もしこの二つが入ってくる場合は法人の特定がされやすいでしょう。

会社員や公務員が法人を持つ場合、副業規定に触れる場合もあります。そこに関しては自己責任です。副業規定を回避するやり方としては、奥さんを代表者にしている人が多いです。

なお、どこまでが副業かというと、「不動産の場合は1棟5室まで」「年間500万円を超えてはいけない」などと明確になっていることもあります。

それでもやっている方は当社のお客様でも多いですが、そこはもう自己責任、自分の判断でやるかどうか決めてください。

法人活用術① 生命保険

「最初に法人で買うだけではなく、常に法人で買った方がいい」と私は考えています。これは税金対策の話にも関わってくるのですが、法人で物件を増やしていった際に、法人から個人へどのようにお金を移すのかという話があります。

一般的な方法としては役員報酬として受け取るのですが、役員報酬を得れば、結局は個人の所得が多くなってしまいます。

では、どうやって法人のお金を個人に移すかというと、保険を活用します。

役員報酬で取った場合は、結局、今の収入に役員報酬が普通にオンされます。そしてそのすべてに所得税がかかります。

法人で物件を持っている場合、ここに家賃収入がどんどん入ってきます。本来はここで役員報酬を払いたいけれど、それはできません。すると、お金がどんどん貯まっていきます。このお金を個人に移したいという場合に、経営者向けの保険を使うのです。

例えば、数千万円の現金がプールされているうち、1000万円を個人に移したいという場合、まず1000万円の生命保険に入ります。これを解約すると、解約返戻金が戻ってきます。1〜2年目だと解約返戻金は低く、年数が進むにつれて返戻金が増えていきます。このような仕組みの保険を使います。

この解約返戻金は、一時所得です。ご存じのように一時所得は2分の1にされますから、半分に対して所得税がかかります。一時所得で2分の1になるため、実質の税効果を考えるのであれば、手取りが増えるケースが多いのではないでしょうか。

またこの保険料は半分が損金計上、半分が資産計上として税処理されるのが一般的です。しかし、保険商品によっては全額損金として計上することができます。これはおそらく一部の生命保険会社だけだと思います。

この保険を使ったスキームは裏話でもブラックな話でもなく、経営者の間ではよくある話です。それが、この不動産投資の資産管理会社で行っているだけの話です。

ちなみにこの保険を全額損金にできるのか、半額損金なのかというのは、法律が常に関わっていきます。また、保険会社も、法人専門の保険だったり、個人に特化していたりと得意不得意な分野があります。

私の使っている会社は、法人に特化した知る人ぞ知る会社です。個人で生命保険に入る際に、各社の商品の提案を受けたりしても、まずここは出てきませんので、個人にはほとんど知られていないと思います。

法人は、生命保険を使えば利益が繰り延べられるのです。会社経営者とは、こういった保険商品を利用して、利益のコントロールを行っているのです。

法人活用術②　クレジットカード

法人活用術で次にお薦めするのは、法人でクレジットカードをつくることです。税理士の判断にもよりますが、大体それで経費として落とすことができます。それぐらい法人は、経費が落としやすいのです。個人ではそんなことできません。

また、法人のクレジットカードを経費専門と使うことで税務処理もやりやすいです。このように法人を一つ設立するだけでも、ここから役員報酬を取っていなかったとしても、個人に残るお金というのは増えると思います。

単純に個人名義で不動産を買うより、法人名義で購入し、日々の経費をそちらで落とせるような仕組みをつくったほうが収入も税金も変わりません。実質的に手取りが増えて、個人で使えるお金が増えるわけです。

これも一般的な話で言うと、サラリーマンレベルでは経費がまったく落ちません。でも、不動産投資をはじめると、それでも何がしかのお金が落ちるようになるから、それでもメリットがあると思って喜んでいる人が多いと思います。しかし法人にすると、さらに増えるというイメージです。

年収500万円以下は個人で

年収が500万～600万円クラスでは、そもそも法人名義で貸してくれる銀行が少ない場合もありますので、個人で買うことも視野に入れる必要があります。年収が500万円以内の人は、個人で買っていく方が銀行が選びやすく、今後にもつなげていきやすいということです。

現状では年収が1000万円以上ある人は、税金の問題があるため個人で借りることは最初から念頭に入れず、法人でいった方がいいでしょう。

ただし、それらの判断も情勢によります。そのときの情勢と自分の属性で、どの銀行が使えて、その使える銀行で法人名義でも貸してくれる銀行は何行あるのかというのを、確認しながら進める方がいいと思います。

今は目安となる年収が1000万円以上とされていますが、今後はわかりません。2000万円でないと融資しないという銀行も出てくるかもしれません。融資姿勢は常に変わっていくものだからです。

現在の情勢でいうと、1000万円以上は法人で買っていく。500万～600万円の人は個人で買っていくのがいいでしょう。

年収500万円クラスの投資家が法人化する話でいうと、個人で買い進めていった結果、法人にいくというルートになります。

個人から法人になるタイミングは、結局、銀行の見方です。

例えば、A銀行では家賃収入を合算して見てくれません。現状では年収700万円という目安があります。これは、年収500万円、不動産収入300万円、合わせて800万円という合算ではなく、あくまでもサラリーマン所得で見ています。

この基準も銀行によって違います。個人でしか買えないのなら個人で買い進んでいって、そこの家賃収入をプラスした収入で見てくれる銀行、なおかつ、法人名義でいける銀行があれば、そこで法人名義にしていくというイメージです。

たとえ年収500万円の人であっても、もし法人で購入できるのであれば、そちらを選ぶべきです。なぜ法人がいいかというと、節税だけではなく、出口においても法人の方が自由度が高いからです。

本来であれば出口を迎えてまた再投資して、同時進行もありながらまた売って利益確定をして、また買い増やしていくという具合に続けていけるのが理想的ですが、個人ではそれが結構難しいものです。

なぜかといえば、個人の場合は、使う銀行の順番が大事になってくるのです。例えば、B銀行とC銀行で貸付限度が変わる場合、より限度額が少ない銀行から借りていくことで、限度額いっぱいまで借りることができます。

しかし、一度売却してから、再度購入するにあたっては、他の銀行の債務も足して考えるので、借りることができないということもあります。結局、個人の場合は利益確定した後に、またその同じ銀行で再投資するというのは難しいケースが多いのです。

ここで注意していただきたいのは、既に個人枠を使い切っている場合、今度は新しく法人をつくって申し込めば買えるのかというと、そうはならないということです。申し込みが法人であっても、結局審査は個人になるので、個人の限度額を使い切っているという事実に変わりはないからです。

いくつかある法人スキームの手法では、同じ銀行での売買も繰り返せますし、保有期間も関係ありませんので、繰り返し融資を受けることも可能です。

もちろん、個人で持っている場合でも、「その状態でも貸しますよ」と言う銀行があれば、法人で借りることもできると思います。

個人で買ったものだけ整理して、どんどん法人に切り替えていけると一番理想ですが、それがうまくできるかといえば別の話です。

その点でいえば、はじめから法人で買った方がスムーズです。長期、短期も関係なく売却できて、利益が出ても調整することができますので、譲渡益の心配はありません。対して個人では取れる手段が少ないのです。

第8章

税金対策の嘘

「不動産投資で節税できる」は嘘

やっても意味がない節税とは？

「新築の区分マンションを購入して節税しましょう」という営業トークを耳にしたことがある人は多いでしょう。私にもよく同じような営業電話が来ますが、新築区分マンションで節税対策というのは、まったくお薦めできません。

新築区分マンションの営業マンが言うのは、「節税対策」をはじめ、「将来の年金代わり」ですが、どちらも嘘です。新築の場合ですと、要するに「マイナスを出して所得税が下がる」「所得税還付」を狙っています。

まず、所得税の還付について簡単に説明します。給与等から源泉徴収された所得税額や予定納税をした所得税額が年間の所得金額について計算した所得税額よりも多いときは、確定申告をすることによって、納め過ぎの所得税が還付されます。

つまり、不動産投資で利益どころか損失を出しているため、税金が戻ってくるのです。給与収入の高い、所得税率の高い方であれば、還付金はあれば助かりますが、でも、それは一面しか見ていません。

節税目的で始めた新築区分マンション投資は、ローンの支払いに管理費・修繕積立費といった支払いが月々の家賃収入を上回るケースがほとんどです。ローンを支払うとそのマイナス部分がかなり大きなこともあるので、節税した効果と、その新築物件を買った投資の赤字、通算して考えてみると損をしているケースが大半です。これでは、やっている意味がまったくありません。

ひどいケースになれば、収支の合わない、かつ担保価値の低い新築区分マンションを持っていることで、債務超過となり、融資を受けられなくなることもあります。

こうなると、利回りの良い物件を買って、新築マンションの損失を補塡しようと考えてもどうにもなりません。売却するしかないのです。

しかし、新築マンションは、人が住んだ瞬間に価値が下がります。フルローンで購入することも多く、たっぷり残債があるため、売却するとむしろ赤字になってしまうのです。

今のような市況が良いときは、チャンスといえますが、それでも残債を下回る価格でしか売れないケースがほとんどです。

また、毎月損失の出ている物件を何十年所有した結果、年金代わりになるかといえば、最終的に残るのは築古の区分所有マンションです。メンテナンスコストもかかりますし、古くなればリフォームも必要でしょう。間取りタイプも古くなり、ニーズがあるのかといえば、それも難しいところです。

なぜ、このような物件を買ってしまうのかというと、おそらく営業力が強いからでしょう。

ただ、新築区分マンション投資が100％失敗というわけでもありません。つまり、その新築の区分マンションにも投資法がいくつかあるのです。最初から投資用という物件を購入するケース、タワーマンションやファミリータイプで、普通に居住用として売っているような物件を購入するケースです。

タワーマンションでファミリータイプの新築を買って、タイミングよく売り抜けて儲かっている人や、立地のいいマンションを買っていたので最終的にはプラスになったという人も実際にいます。ただそれは、本当に一握りの話です。

テレアポから営業電話かかってくるような物件は、失敗率が非常に高いので止めた方がいいでしょう。

減価償却と簿価について考える

減価償却というのは、税金上、所有している資産（償却）が使っていくうちに価値が目減りしてくるような計算をして、毎年毎年、経費計上していくものです。

償却資産は、国によって法定耐用年数が定められています。

例えば、法定耐用年数を超えた築古物件を個人で購入して、一気に引き落とす減価償却は、スナップショットで見れば節税できていますが、ビデオで見ると結果的に損をしている場合もあります。

減価償却費の計算

・法定耐用年数を全て経過したもの
法定耐用年数×0・2＝残存耐用年数
・法定耐用年数を一部経過したもの
法定耐用年数－経過年数＋（経過年数×0・2）＝残存耐用年数

簿価というのは帳簿価額という意味です。現在の減価償却がどれくらい残っているかということです。

1000万円で買った物件を5年で減価償却した場合、毎年200万円ずつ経費計上していきます。そして3年後に売却します。

3年間200万円を減価償却費として計上としているということは、簿価は400万円です。

さて、1000万円で購入した物件を3年後に半額の500万円で売却したとします。3年で半分まで値下がりしたということで、だいぶ損を出した気になりますが、簿価が400万円ということで、100万円儲かったことになります。

確定申告で減価償却していけば、その分だけ簿価も減っていきます。大きく減価償却費を使えると、節税できた気持ちになりますが、実際には簿価も大きく減っていきますから、売却時に利益が出やすくなるのです。

そもそも減価償却とは何か？

税金はすべて、帳簿上の数字で計算されます。

そもそも減価償却とは何かというと、時間の経過とか使用によって価値が減少するものが、その年数ごとにどんどん帳簿上の価値が減少していくので、それを経費として引くことができるのです。

減価償却ができるのは建物だけで、土地は減価償却できません。土地は時間の経過で価値が減少するものではないからです。市況によって値段は下がる可能性はありますが、建物のように経年で劣化していくことはありません。

1000万円の物件で、帳簿上、土地が500万円、建物が500万円。この建物の500万円を、新築であれば、木造の場合は22年、RCの場合は47年かけて償却していき、最終的には建物の価値はゼロになります。したがって帳簿上、その不動産の価値は土地代だけの500万円になります。

減価償却には決まりがあり、固定資産税の減価償却の手法として、次の2種類の方法があります。

減価償却の方法

・定額法……固定資産の耐用期間中、毎期均等額の減価償却費を計上する方法
・定率法……固定資産の耐用期間中、毎期期首未償却残高に一定率を乗じた減価償却費

を計上する方法（最初に多く落とせる）

参考までに一例をあげると、緑化設備が20年、電気設備、給排水衛生設備、ブロックフェンスなどのエクステリアは15年、駐車場整備はコンクリ・レンガ・ブロック・砂利が15年で、アスファルトが10年、エアコンなどの一般的な住宅設備は6年です。なお建物の解体費は経費にも償却資産にもなりません。

よく使われている節税手法というのは、木造の耐用年数22年を超えた物件を購入した場合、その建物に関しては耐用年数×0・2の4年で償却できますので、建物が500万円の場合、この500万円を4年で償却、つまり500万÷4で、単純には毎年125万円を経費枠として落とすことが可能です。

個人で購入している場合は課税所得が低くなります。

ところが、減価償却を使うとその分だけ簿価も減っていくので、売るときにプラスになるケースが多いのです。物件価格の売却価格が買ったときよりも安くなっていたとしても、簿価がそれよりももっと減ってしまうと、帳簿上の利益が出てしまいます。

そこに個人の場合だと、短期譲渡税と長期譲渡税というのがかかってきます。それが短い期間で売ると、その利益に対しての税金が39%かかるわけです。だから短期間でプラスで売ってしまうと、税負担も大きくなります。

短期譲渡税と長期譲渡税ぐらいまでは、理解はしている人は多いと思います。しかし、時が経ってくると、減価償却もどんどん使っていくわけですから、簿価もどんどん下がっていく。だから安くして売ったとしても、利益が出やすいということです。それを、例えば5年未満で売ると、そこにまた4割近くの税金がかかってくるわけです。特に区分マンションなどはそもそも利益が薄いので、そういうことをしていると、薄い利益が持っていかれてしまうということです。それを考えていないというか、知らない人が非常に多いのです。

本当に9割以上の人が、一瞬しか見ていないのです。目先のところだけしか見てない。ちゃんと出口まで、最後まで見るということをしないと、本当の節税効果はわかりません。

個人の節税方法　「ふるさと納税」

節税を考えたときに有利なのは法人ですが、個人でもできる節税があります。それは「ふるさと納税」です。

「ふるさと納税」とは、都道府県・市区町村に個人が２０００円を超える寄付を行ったときに、所得税、住民税の控除の対象となります。

ふるさと納税を行うと、その自治体にもよりますが、お礼の品として特産品が送られてくることもあります。おおよそですが１０００円を自治体に寄付すると、５００円相当の特産品などが送られるようです。

ふるさと納税ポータルサイト『ふるさとチョイス』などで検索するとクレジットカード決済ができる自治体もわかります。

また、控除を受けるためには、確定申告を行う必要がありましたが、２０１５年4月から、確定申告の不要な給与所得者等は、ふるさと納税先の自治体数が5団体以内である場合に限り、ふるさと納税を行った各自治体に申請することで、確定申告が不要になる「ふるさと納税ワンストップ特例制度」が始まりました。

ふるさと納税することによって節税して、必要なものをもらって食費などを減らすわけですから、収入は変わってないけれども、手取りを増やすという点で有効です。なお、ふるさと納税は個人だけでなく法人でも行うことができます。

保険を使って税金を繰り延べる

第7章で解説した法人のメリットがそのまま節税につながります。所得税の税率を上げないためには、個人が節税目的で新築区分マンションを買ったり、築古アパートを購入するよりは、法人で購入した方が節税効果は得られます。投資家の状況によっても変わってきますので、絶対とは言い切れませんが、可能性としては法人での購入に軍配が上がります。

法人で購入することで、個人の所得に加算されませんし、法人が払うのは所得税ではなく、法人税です。基本的には自分の売り上げと法人の売り上げを切り離せるというだけでも節税のメリットがあります。

また、先述した通り、法人の売り上げが上がったとしても節税方法はあります。

法人における保険の活用術を第7章でお伝えしました。節税としての特徴は、法人でないとできないということです。

また、これはデメリットになりますが、保険を使って節税する際にはキャッシュアウトが伴います。1000万円の保険を掛けるには1000万円が必要です。

それは、あくまで利益をプールしているお金なので、その現金を使って保険商品を購入することで節税ができます。

節税といっても、あくまで合法的なやり方で、考え方としては「繰り延べている」という解釈が正しいです。保険を解約した段階で、それが所得として入ってくるため、それはまた利益であり課税所得になるわけです。

だからそれを個人に移すのか、もしくは、例えば次の物件を購入するときに資金にあてるのか、実際お金が出るタイミングに合わせて解約することで効果が得られます。

物件購入や大規模修繕するときにもキャッシュアウトを伴います。そこに併せて解約することで、かかる税金を相殺することができます。

保険を使うから税金を払わなくてもいいということではなくて、税金を繰り延べて、自分でコントロールできるものです。繰り延べていたものを、費用がかかるところで解約すれば、そこで相殺できるということです。これは法人でなくてはできない方法です。

難しくなった消費税還付

消費税還付は特別なものではありません。消費税還付を簡単に説明すれば、要するに払い過ぎてしまった消費税を戻してもらう手続きです。

不動産投資では特別なスキームのように扱われていますが、課税事業者の一般企業であれば、消費税還付というのは普通に行っています。

なぜ特別扱いになるのかといえば、賃貸業は本来なら課税事業者になれないという前提があるからです。というのも家賃収入自体が非課税なので、そもそも税金を払っていません。そのため消費税とは無関係なのですが、駐車場、自販機といった課税売上を立てて還付を狙うわけです。

消費税還付は２０１６年の４月から、非常にやりづらくなりました。

基本的なことから説明すれば、そもそも賃貸物件の家賃収入は消費税が非課税です。つまり、消費税は免除されており、消費税の還付を受けることもできません。

ところが不動産投資では、節税スキームとして、「不動産購入時のみ消費税課税事業者となり、消費税の還付を受ける」という手法が行われていました。

具体的には、「消費税課税事業者選択届出の手続きをして、消費税の課税事業者になる」「不動産を購入もしくは新築する」「家賃収入を発生させない」「自動販売機を設置して課税売上を発生させる」といったことを同年度に行うことで、不動産投資であっても消費税還付を受けることができました。

ところが、2010年の税制改正で、「課税事業者となった後2年以内に不動産（調整対象固定資産）を購入・新築した場合には、その後3年間は免税事業者・簡易課税への変更ができない」ということになりました。

一見、これまでの消費税還付ができなくなったように思えましたが、実は抜け道があったのです。それは、もともと課税事業者で「消費税課税事業者選択届書」を提出する必要のないケース、または「消費税課税事業者選択届出書」を提出して、2年間の強制適用期間適用後に調整対象固定資産を取得しているケースであれば、改正前と同様に消費税還付を受けることができたのです。

そして、2016年にまた税制改正が行われました。「高額資産を取得した場合における消費税の中小事業者に対する特例措置適用関係の見直し」では、「課税事業者になった後2年以内に取得」という年数制限が撤廃された内容となり、原則課税を適用されている課税事業者が高額資産を取得した場合、その後3年間は原則課税が強制されて、免税事業者、簡易課税適用事業者になることが不可能となりました。

しかし、手間はかかりますが、まだ消費税還付を行うことはできます。

その方法としては、家賃収入は非課税なので、それよりも、常に多くの課税所得を上げておけばいいのです。課税所得を上げるには金の売買が一番いいと思います。繰り返しできますので金額の調整もしやすいです。

ただ、大きな物件の場合は、それだけ非課税の家賃収入も多くなってくるため、より大きな課税売上を立てるためには、金の売買を何回も繰り返す必要があります。非常に手間がかかるものですが現在でも一応可能です。

今までであれば、5000万円程度でも消費税還付の効果は出ていました。100万円、200万円程度の手取りが残ってきますので、税理士の報酬を払ったとしてもかなり残ります。

今後は最低でも建物価格で1億円以上なければ、もうやる意味はないと思います。

税理士を付けた方がいい？

大半のサラリーマンは、これまで自分で確定申告をした経験がありません。そのため、税金に関してはブラックボックスというか、よくわからない部分があるでしょう。とりあえず「税金が安くなるなら得だ」くらいの感覚です。

実際にはどのような申告を行うのかによって、利益が変わってくる部分もあります。また法人の場合は決算書が必要です。

確定申告であれば、個人でやってできないことはありませんが、法人であれば、最初から税理士をつけたほうがいいと思います。

自分ではまず難しいですし、よく「勉強のために自分でやってみよう」みたいに考える人もいますが、それならもっと違うことや投資のことを勉強した方がいいと思います。専門的なところは専門家に任した方が、基本的には効率はいい。これは絶対そうです。

大家さん向けの税金の本なども出ていますが、内容が難解ですし、税金の法律もほとんど毎年のように変わっています。それを税務の素人が把握するというのは現実的ではありません。

これも会社経営と一緒で、社長が全部自分でやろうとしても、それは難しいわけです。皆が集まって会社というものは成り立っているので、それと同じで専門的なチームをつくるというのが大事だと思います。

ただ、税理士といっても本当にピンキリで、法人に強い、相続に強い、不動産に強いといった専門もあります。ここでは不動産投資に強い先生を選ぶ必要があります。

今は、不動産投資に特化した税理士さんもたくさんいるので、ネットで調べたり、実際にやられている人から紹介してもらったりして探すとよいでしょう。

私も、不動産に特化した税理士さんをよく紹介していますが、とても融通が利きます。やはり財務関係は、外注してプロに任せた方がいいと思います。

第9章

海外不動産の嘘

「海外は国内と比べて人口減少の影響を受けにくい」は嘘

海外不動産のリスクは高い

日本は少子高齢化で人口が減っていく——特に生産人口といわれる働き手が減るため、経済発展は望めません。現状でも空き家が溢れかえり、今後も増えていくことが予想される中で、日本の不動産投資だけを行っていくのはとても危険です。海外で不動産投資を行う人には、このような見方をする人もいます。これは、ある意味では正しい認識です。日本の不動産市場、賃貸市場は縮小する一方ですが、世界を見渡せば、人口が増えてこれから経済成長を迎える国がたくさんある。あえて、日本で投資する理由はない。むしろ、海外でこそ不動産投資を行うのがいい——しかし、こうなってくると、少し眉唾だと思います。

日本のように少子高齢化が始まっている国は先進国では多いですが、中国をはじめ、まだまだ経済発展が見込める国でも、政策によっては少子高齢化になっています。

例えば、日本が移民を受け入れるようになれば、人口が増えて少子高齢化は解消されるかもしれません。どちらにしても、「人がたくさんいれば儲かる」というような単純な話ではありません。

世界には自国の国民ですら土地所有ができない国もありますし、外国人の土地購入が認められない国もたくさんあります。法的な部分も、チャンスが大きいといわれる発展途上国こそ未整備で、「騙す・騙される」の前にカントリーリスクがつきまとっています。

その点でいえば、日本は世界でも有数の不動産が買いやすい国であり、その価値も高いからこそ、外国人投資家が日本の不動産を買いあさっているという現実があります。

海外投資ではレバレッジは効かない

国内投資と海外投資は別の投資のようなイメージが強いのですが、基本的に、「資産を増やしたい」という目的は一緒です。

そのいくつかの方法の中で、海外の不動産、海外の金融商品があります。だから、一投資家から見れば、海外も日本も根本的な部分で一緒だと私は思っています。実際、私も海外投資をしています。

ただやはり、資産をこれから増やすという点から見れば、レバレッジが効きやすい国内の不動産投資が一番いいと思います。

簡単に言うと、海外の不動産投資、特にアジアなど今後経済発展が期待される国を対象

外貨でも分散投資

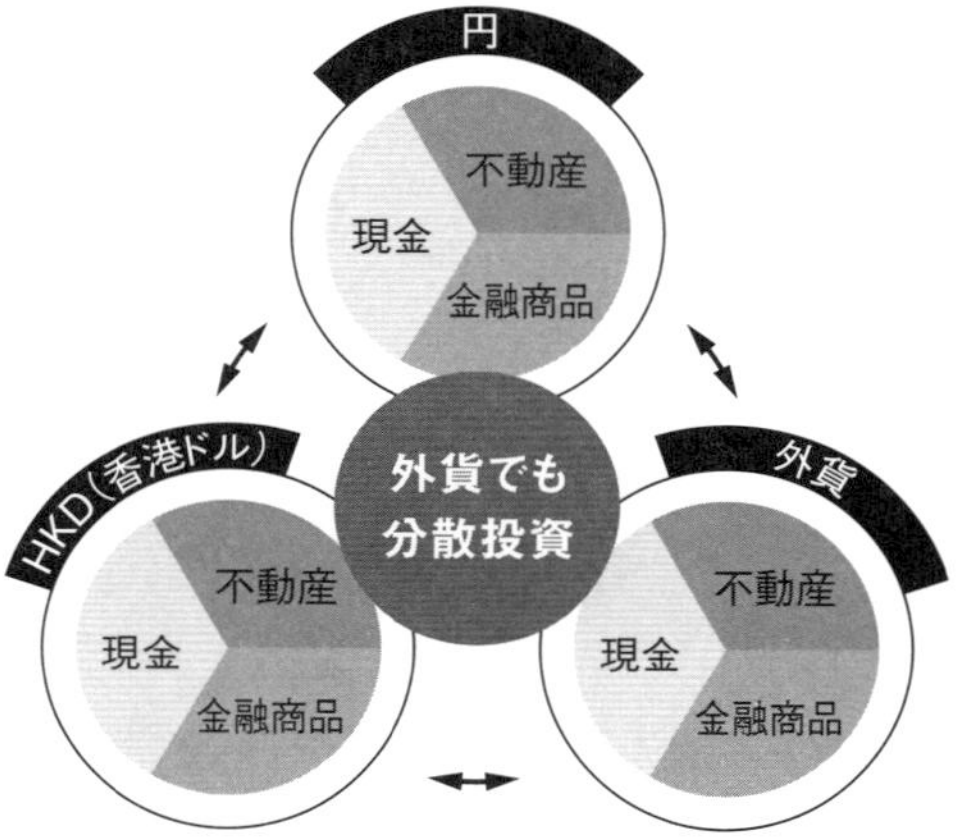

にした投資が流行っていますが、それは「そういう国であればキャピタルゲインが狙えるだろう」「お金が大きく儲かるだろう」と思って行うケースが多いですが、ただお金を増やしたいのだったら、やはり国内の方が手堅いのです。

というのも海外の場合では、銀行融資が借りにくく、借りられても金利も高いので、日本のように大きなレバレッジが効かないのです。だから海外に関しては、ある程度キャッシュをつくって、キャッシュを中心に行うのが適したやり方だと思います。

なぜ、私が海外投資をお薦めするのか。その最大の理由は、「資産を円だけで持っているというのは、リスクの高い状態だから」です。

国内の不動産投資も「特定のどの物件がいい」というよりも、さまざまな物件を持っていたほうがいいでしょう。例えば新築だったり、中古だったり、都心だったり地方だったりと分散した形でポートフォリオを組んでいた方が、よりリスクヘッジになります。

それと同じで、やはり円だけではなく、いろんな外貨で持っていた方がリスクの分散になります。

海外投資①「先進国不動産投資」

まず、海外投資の中で、安定的な人気を誇る「先進国」への不動産投資について考えてみましょう。

日本ではオーナーの立場が弱く、家賃滞納があってもなかなか退去させることはできませんが、先進国ではその辺の法的整備が整っています。

ただし、土地の価格も安定して、発展途上国のように今後、何倍にも何十倍にもなるといったような話はありません。大きなキャピタルゲインではなくて、安定的なインカムを狙っていくような投資が多く、それでも価格が下落する一方の日本に比べて、まだ資産性は上昇していくだろうというところを見ています。

そんな中、アメリカは不動産価格が年々伸びています。常に、家賃も上がっています。家賃についていえば、日本と違って欧米ではむしろ不動産オーナーの権利が強いのが普通です。

したがって、「少しでも家賃を滞納したら、すぐに出て行きなさい」といえます。売買仲介、賃貸仲介についても法的にしっかりしており、契約社会なので、よほどのことがなければ騙されることはありません。

しかし、市場に透明性があってフェアだといえる反面、日本のような歪みもないので、ものすごく高利回り物件が買えるということはありません。

特にアメリカついていえば、州ごとに一つの国のようになり、法律も税金に関する扱いもまったく違います。そのため、信頼できる業者から買うことはもちろんですが、その州の特性を知った上で、シミュレーションをしっかり行って始めるべきなのです。

海外不動産投資②「途上国不動産投資」

今、海外不動産投資といえば、先進国よりも途上国を思い浮かべる人の方が多いかもしれません。フィリピン、マレーシア、インドネシアといった東南アジアの国々の不動産投資が盛んです。これから人口が増えて、経済発展する国ということで、キャピタルゲインが大きく見込めるようなイメージがあります。

人が増えて需要が高まり、不動産価値も上がっていく――そういう売り文句でいながら、あまりそれが果たされていない現実もあります。

海外不動産で失敗している人も少なくありません。おそらく買い方に問題があるのでしょう。仲介業者がいい加減だったり、騙す気がなくても知識と経験不足から投資家に不利益が当たるケースもあります。

海外不動産投資の失敗というのは、例えば「プレビルド」といわれる、建物の企画段階で販売される物件で多くあります。数年かけて建てて、竣工後に売れれば儲かるという話を聞いて投資したのに、実際に建ったときには大して儲からなかったというケースです。

実際に最近あったケースで衝撃だったのは、フィリピンのマカティーというところに、何百という世帯数の大規模コンドミニアムが建つという話がありました。

そこは数年前、私も実際に見に行ったのですが、「需要と供給のところは大丈夫かな？」と思いました。正確な戸数は失念しましたが、とにかく世帯数が多い物件でした。

単身者向けですが、海外の駐在員をはじめ、フィリピンの現地の人も3～4人で入居する需要があるから大丈夫だという話だったのですが、私は買いませんでした。

そのとき話されたスキームでは、プレビルドで物件の購入代金を月々払っていき、大体3年後から4年後に完成した時点で、その残りの部分を一括で払わなければいけません。プレビルドの段階では完成時よりも安く買えて、その後は年々3％、4％と価格が上がっていくのです。そのため、3年後に完成する前に、残りのお金を払う前に、転売してしまいましょうというような内容だったのです。

そのような説明を受けた日本人がたくさん買っていたのです。実際に何が起こったかというと、完成間際で、みんなが売りに出してしまったので価格が暴落しました。最終的には、デベロッパーが出している、他のまだ決まってない部屋よりも下がるという逆転現象が起きてしまったのです。需要と供給のバランスが崩れてしまったケースです。

結局売れなくて、でも最後の代金を払えないという方も多い中で、出口を迎えなくてはいけないわけです。結局、かなり値下げして売ったようです。

この問題の業者は、また違う投資家向けに買い取りファンドをつくったのです。またそこで手数料を取って、損をした投資家から安く買い叩いて転売しています。

これは日本人業者が日本人投資家に対してしていることです。結局、最初に買った投資家が一番損をしています。安く叩いて買えた方は若干いいかもしれませんが、結局一番儲かっているのは仲介をしている業者です。これを犯罪かといえば、難しい問題です。投資は自己責任ですから、確証のない美味しい話に飛びついた投資家にも責任があるのです。

また、プレビルド物件では、月々払っていく際には外貨で払っていくので、為替の変動によって支払うべき値段が変わります。為替の影響で月々の支払いが急に跳ね上がり、払えなくなってしまった投資家もいるようです。

月々5万円払えばよかったものが、月々7万〜8万円になる。それで売ろうとしても、やはり売れません。

表向きのデベロッパー価格では値段が上がっているのですが、これは定価のようなもので実勢価格ではない、つまりその価格では買う人がいないのです。結局、儲かるどころか損切りのような形でしか売れずに揉めています。

普通に考えれば、完成したときに転売目的で売る人が多いわけですから、売り物の数が出てくるということです。需要と供給の問題で、必要な数より多く商品があれば、値段が下がるのは当たり前です。起こるべくして起こった失敗だと思います。

これはフィリピンだけでなく海外で多いのですが、賃貸の部屋は家具家電付きで貸すことが一般的です。購入後そのままでは貸せないので、賃貸に出すため、商品化するためにはある程度手を加えなくてはいけません。

やはり、そのためには客付会社や管理会社が必要なのですが、デベロッパーや売買仲介の業者は、そこまでネットワークを持っていません。まさに売ったら終わりです。

日本の場合は新築であれば、デベロッパーが客付けまで面倒を見ることが多いですし、管理会社も多いですから自分で選んで頼むことができますが、海外の場合ですとワンストップで依頼できる会社が少ないのです。

日本人は投資の仕組みを理解していない

海外不動産でどうしてトラブルが起きるのか。業者の質が悪いのもありますが、日本人がその仕組みを理解していないのが理由です。

そもそも発展途上国では、日本のような客付会社、管理会社がないというケースもあります。そういった購入後の賃貸経営まで考えている投資家は少なく、売れなくて困っているケースの他に、竣工したものの貸し出せなくて困っているという話もあります。

日本の不動産投資と同じで、購入前にきちんとシミュレーションしてから買うべきです。安易に「値段が上がるから、買っておいた方がいい」というのは投資ではなく投機です。

基本的に、ドカンと儲かるということは、おそらくありません。そんなにいい話が日本人の一投資家に来る方がおかしいと思うべきでしょう。

デベロッパーは販売会社、仲介業者はもちろん売買の仲介を行うのが業務ですから、客付けしないのも当たり前です。

細かいところでいえば、日本では「〇月〇日に引き落としします」といった手紙がやってきますが、フィリピンでは一切そのような通知はありません。また、竣工予定がずれても、その詳細を知らせてくることもありません。

それもあって最終の一括支払いのタイミングを把握しておらず、資金繰りがうまくいかず、損を承知で売却する人もいるのです。

考えてみると、別に騙されているわけではないのですが、日本の場合は仲介業者がワンストップで面倒を見てくれる傾向にあります。当社もそうですが、物件の紹介だけなく金融機関の紹介もしますし、火災保険や管理会社の選定まで行っています。

そういった日本ならではのきめ細やかなサービスが当たり前だという感覚では、海外不動産投資は難しいように感じます。

特に途上国では、まだ仕組みができていませんから、業者がそこまで行うことは難しいです。投資家自身があらゆるところで交渉していく必要があります。しかし日本人だとそれができません。よく仕組みを理解してない上、かつ少ない資金でやっているため、予定外の事態が起これば、慌てて売却するしか方法がありません。それでは、お金が増えるどころか失うばかりです。海外不動産の場合は、ある程度の余裕資金があった上で行うべきですし、現地に信頼できる人がいる人以外は、あまり手を出さない方がいいかもしれません。

私の場合、フィリピンのセブ島で、知り合いが日本人の英語留学の学校をやっています。その方は日本人なのですが、現地のフィリピンの方と結婚されて、不動産の仕事もされています。その人は本当に信頼できるので、そういったトラブルは一切聞きません。

また、海外不動産であっても、日本の不動産と同様にシミュレーションを行うべきだと思います。海外不動産をやっている方で、そこまでやっている人はあまりいませんが、出口についても仲介業者の言葉を鵜呑みするのではなく、常に相場を意識していきましょう。

お薦めの海外金融投資

確かに、海外は伸びしろが大きいイメージがあると思います。やはり日本は人口減少が進んでいますし、これから経済発展して伸びるような要素も少ない。海外を見渡せば、先進国にしても途上国にしても、まだまだ伸びしろ、可能性があるように見えてきます。

また、日本の場合は、買った物件を10年後に売るという場合、大体は買った価格よりも下がるという感覚があります。しかし、アメリカやほかの国では上がっていることが多いわけです。

そういった意味では、不動産は上がる可能性が高いでしょう。しかし、10倍になる20倍になる話ではありません。あくまでもポートフォリオの一つとして、海外資産を持つという感覚です。これは私の個人的な意見ですが、海外の不動産に投資するにあたっては、「この国が好きだな」とか「将来性に期待したい」、そういう趣味や夢を含めて買っているのならいいのかもしれませんが、投資として考えていくと、結局レバレッジは効かないわけです。

また、キャッシュを使うのであれば、海外の金融商品もお薦めです。

１９９８年に外為法が変わって、海外の金融商品を購入することができるようになりました。わかりやすくいうと、例えば海外に行って、海外でしか売っていないブランド品を買うようなイメージです。それまではできなかったことが、外為法の改正で可能になったのです。

外為法

外為法とは「外国為替及び外国貿易法」の略で、日本と外国との間の資金や物、サービスの移動などの対外取引や、居住者間の外貨建て取引に適用される法律です。外為法は1998年（平成10年）に抜本的に改正され、資本取引の「事前届出・許可制」が原則として廃止されました。これにより、現在は、対外取引を行った後に当該取引の内容を財務大臣や事業所管大臣等に事後的に報告する「報告制度」が基本となっています。

日本では、証券会社も銀行も全て、金融庁の登録を受けている金融商品しか取り扱うことができません。

海外の商品も日本で取り扱っていますが、世界中にある投資信託（ファンド）の数からいえば5％程度しか日本では取り扱っていないのです。

外貨建てであっても、金融庁に登録するにもコストがかかりますし、日本のルールに適応させなくてはいけません。その結果、日本で外貨建ての投資信託は利回りが低いのです。

日本の証券会社や銀行では、その金融庁に登録されているものしか紹介することができないのですが、外為法改正によって金融庁に登録されていないファンドを自ら購入することはできます。

海外の金融商品の中には、相続税対策に有効なものもあります。専用の口座をつくれるものもあります。途中で積立金額を増やしたり減らしたりということができる商品もあります。

海外のものは日本に比べて、柔軟性が非常に高いと思います。一部の海外の金融機関では日本語もできますし、サポートも日本語なので、もし何かあっても日本語で答えてくれます。

本来では一個人ではできないようなヘッジファンドに投資できるわけですから、非常に魅力的な商品です。

これらの商品はオフショアの国で運用されています。もともと、そのオフショアというのは、お金持ちが自分のお金を残すためにそういう制度をつくっているのです。

オフショア市場とは、金融規制、税制面で優遇された市場を指します。規制や課税の方法を国内市場と切り離し、比較的自由に行う、主に外国人の非居住者向けの金融市場です。

有名なところではイギリスのマン島やカリブ海のケイマン諸島がありますが、世界中にはヨーロッパ・地中海、アジア・太平洋、太平洋・カリブ海に40カ所以上の国と地域が存在します。

これらの地域は、資産運用や財産の保全に最適の場所とされており、世界中多くの金融機関が集まっています。また、オフショア市場で設定されたファンドのことを「オフショアファンド」といいます。

オフショア市場の長所をあげると次の通りです。

オフショア市場の長所

・高格付けの銀行……オフショアには世界的に格付けの高い銀行がたくさん存在する
・優秀な金融商品……現在、世界の資金の半分以上がオフショアで動いているといわれている
・税金がかからない……オフショア地域ではまったくの無税か、またはきわめて低い税率しか課せられない

・プライバシー保護……オフショア機関は個人及び企業情報を開示する義務がなく、プライバシーと秘密性を提供できる
・規制上のメリット……規則がシンプルでわかりやすく、低コストで遵守することができる
・共同口座の開設……夫婦、親子、またはビジネスパートナーなど、戸籍上のつながりのない方々の共同名義でも口座開設が可能

このような魅力的な市場で、優秀なファンドマネージャーが運用する一流の金融機関のファンドにアクセスが可能なのです。

多数の積立商品があり、中には月々数十ドルで行える手軽な商品もあります。特に私がお薦めだと思うのが、ドルコスト平均法で外貨商品の積み立てが行えることです。

ドルコスト平均法とは値動きのある商品（ファンド・外貨等）を一定の金額で継続して購入する方法です。

商品価格が高いときは少量しか購入できないため、高値つかみする量は少なくなります。また、商品価値が低いときは、多くの量が購入できて、購入コストが安くなります。

海外ファンドを毎月一定額分ずつ買い付けた場合と、一定口数分ずつ買い付けた場合を比較すれば一目瞭然です。ドルコスト平均法を利用することで、同じ投資金額でも合計口数が多くなり、平均買付価格も安くなります。

こうして少額の積み立てであっても時間を味方にすることで、運用の成果を大きくあげることができるのです。積立投資は元本と利息の合計金額を運用することで、利息が利息を生む複利効果が期待できます。

複利のパワーで老後資金をつくる

かのアインシュタインが、「人類最大の発見は複利だ」と言っているように、複利の効果はすごいものです。

月々5万円を25年間、10%で運用するといくらになるか。

例えば、月々5万円を積み立てるとします。5万円×12カ月で1年60万円です。60万円が25年で×25すると、1500万円。これを積み立てているわけです。

複利を使うとどうなるかというと、まず5万円を払います。これを10%で運用していきます。次の5万円も先の5万円プラス利子に足して、10%でまわしていきます——このよ

ドルコスト平均法

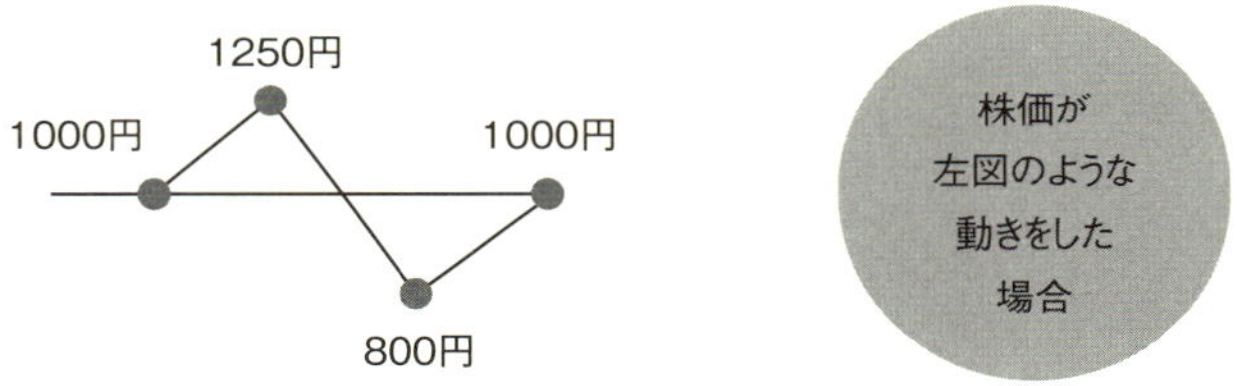

	毎月1万円ずつ買う（ドルコスト平均法）		毎月10株ずつ買う（普通の買い方）	
	買付金額	株数	買付金額	株数
1カ月	1万円	10株	1万円	10株
2カ月	1万円	8株	1万2500円	10株
3カ月	1万円	12.5株	8000円	10株
4カ月	1万円	10株	1万円	10株
合　計	4万円	40.5株	4万500円	40株
平均買付単価	**987**円65銭		**1012**円50銭	

上記の例ではドルコスト平均法を利用することで、同じ投資金額でも合計口数が多くなり、平均買付価格も安くなります。

複利効果

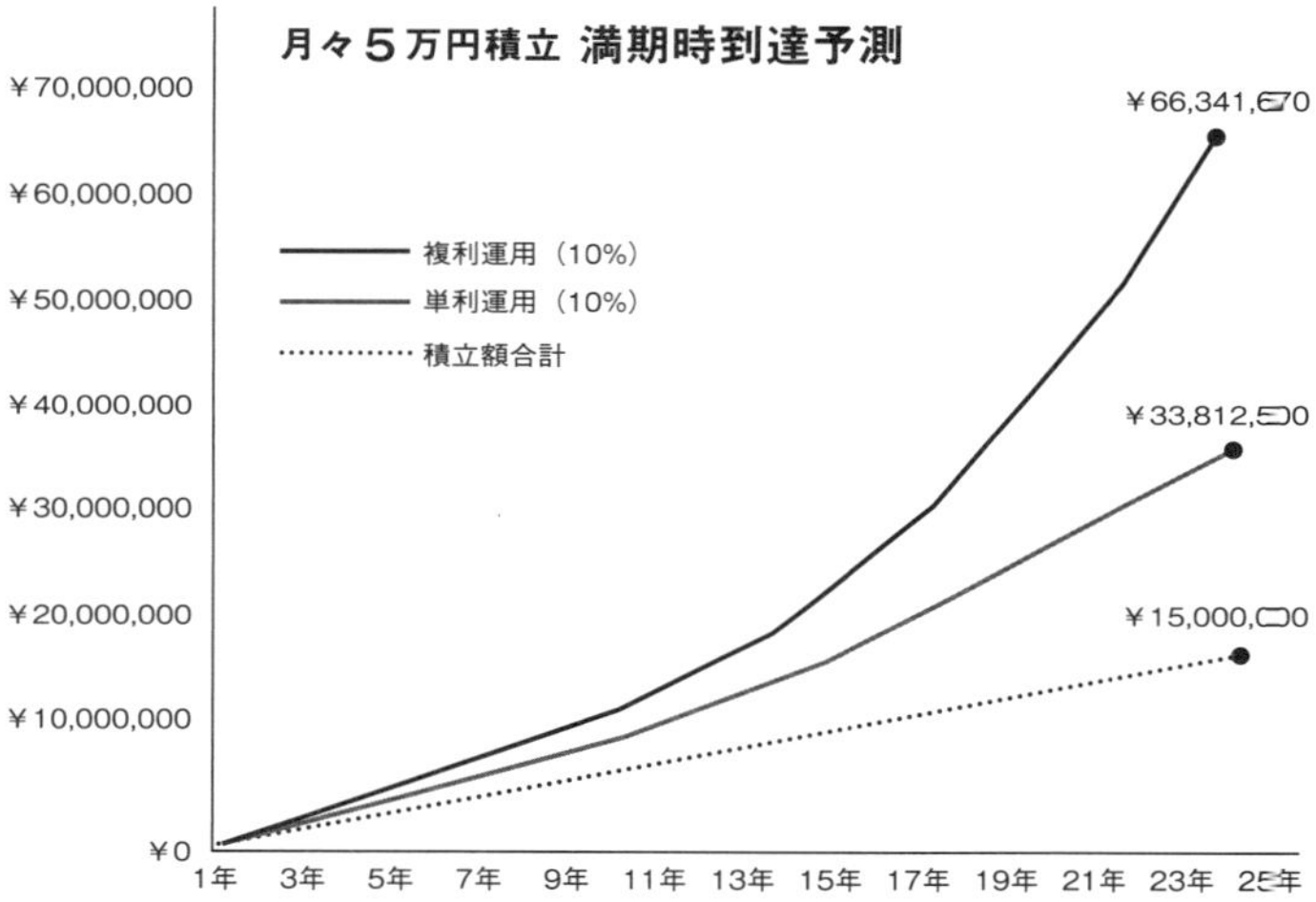

少額の積み立てでも、時間を味方にすることで、運用の成果を大きく上げることができるのです。
積立投資は元本と利息の合計金額を運用することで、利息が利息を生む「複利効果」が期待できます。

うに積み立てながら25年間運用していくと６６３４万円。

ちなみに月10万円で積み立てながら10％複利で25年運用すると１億円を超します。

よく「老後を豊かに過ごすためには、定年時に夫婦で１億円必要だ」といった数字が出ていますが、それを普通に現金だけで積み上げていくと思うと、月々20万円以上貯金しなければいけません。しかし複利を使うと、もっと少ないお金で実現できるのです。

月10万円を25年間複利で積み立てると、金利10％で１億３２００万円になります。総支払額は、10万円を12カ月の25年なので、３０００万円で、４倍以上になる計算です。

要するに複利というのは、まず利息がつく、その利息がついたものに対して今度は利息がつくのです。またその利息がついた、増えた部分に対してまた同じ利息がつくわけで、どんどん増えていくのです。これが複利の力です。

投資商品ですから１００％の確約はありませんが、その可能性はあるということなのです。

海外には日本にはないような金融商品がたくさんあります。15年で、元本の１４０％を保証するという商品もあります。

さらに、これらの金融商品は、相続対策にもなります。

例えば共有名義で父と子にしておいた場合、お父さんが亡くなったときには、そのまま子どもに引き継ぐことができるので、相続税が発生しないのです。これは、共有名義ではなかったとしても、基本的には申請すれば引き継げます。利益を確定していないものなので贈与にもなりません。利益が確定していないから、ただ名義が変わるだけとなり、資産が何も確定していないので税金は発生しないわけです。ただ、これを現金として出してしまうと、本来は自己申告しなければいけなくなります。

積み立てしておいて、自分が例えば60歳や70歳になったときに、子ども名義に切り替えれば、子どもは相続税なしにこれをそのまま引き継ぐことができます。

当社の新卒の24歳の社員が、25年、5万円の積立を始めるそうです。私が研修で話しをしていたら「お客さんに薦めるより、まず私がやります」と言っていました。24歳なので、25年後に50歳。50歳で1億円近く資産をつくれるのです。

海外投資の比率

資産状況にもよりますが、どちらにも偏らず、日本円と外貨でしっかりポートフォリオを組むのが理想的です。

この金融商品の積み立てであれば、クレジットカードからの自動払いとなるので、イメージ的には日本のお金を自動的に海外に移していくイメージです。

特に不動産投資家は日本の土地を中心に購入していきますから、ポートフォリオが日本に寄り過ぎているところがあります。

資産のほとんどを日本に依存しているということは、ファイナンシャルプランナーの観点でいうと健全ではないと見なされます。やはりリスクヘッジとして、外貨でいくつか資産を持つのはいいことだと思います。

こういったことは、一般では知られていません。美味しい話には裏があるように為替のリスクもありますから、実際にされている人から話を聞くのがよいのではないでしょうか。

私は海外についていえば、海外不動産よりも、海外金融商品の方が入りやすいと思っています（はじめやすい積み立てから入って、いろいろ知識を溜めてＨＳＢＣに自分の口座を開いたり……）。また、英語を話せるようになっていろいろコミュニケーションが取れれば、やはり現地の海外不動産を買うにしても、幅も広がると思います。

第10章

嘘を見抜いた投資家がさらに資産を築くための戦略

ここまで不動産業界の嘘について述べてきましたが、本章では不動産投資を勝ち抜いていくための戦略を解説します。

投資の基本は「FIRE（ファイヤー）」

投資家は投資の基本は「FIRE（ファイヤー）」であることを頭に入れてください。ファイヤーというのは、次のような内容となっています。

F……ファイナンス。金融商品など
I……インシュア、保険
RE……リアルエステート。不動産

ファイナンスは金融商品です。海外の投資信託など金融商品を指します。

インシュアは保険です。保険でのリスクヘッジに加えて、節税ができますし、海外投資の中にも保険商品は含まれてきます。

最後の不動産では、不動産投資で売買されるリアルエステートもありますし、投資信託の中には不動産で運用しているものもあります。

メリットも多い不動産投資ですが、デメリットとして安定性に欠ける部分もあります。それでも、ポートフォリオに組み込むべき理由がいくつかあります。不動産はインフレ時にヘッジになること。不動産は株や債券とは、景気循環が異なります。

ファイヤーは、私がＣＣＩＭ®の勉強をしているときに、外国人の講師から教わった言葉です。

多くの不動産投資家は、不動産しか見ていない場合が多いのですが、不動産だけを知っていればいいということでありません。投資家が成功するためには、この三つをマスターする必要があります。

投資をする主な理由は、投資には投入した金額以上に収入を得られる可能性があるからです。その収入とは、家賃をはじめ、利子、配当、あるいは投資商品を売却したときに得られる利益からかもしれません。

ほとんどの投資は、この定義にあったもので、利子は固定もあれば変動もあります。また高いもの低いもの、安定性のある投資からハイリスクハイターンの投資もあるのです。

投資は、投資家の目標によって、魅力的に見えたり、その反対に見えたりします。投資家にとって投資選びのポイントは次の通りです。

投資選びのポイント

・換金性……換金性とは、元金を失うことなしに、資産を現金に換える能力のこと。不動産は売るのにかかる時間と、売却時の市場価値が予測できないという理由で、換金性が低いと見なされている。
・市場性……市場性とは値段にかかわらず、資金を現金に換える能力のこと。
・レバレッジ……レバレッジとは投資の資金の供給の一部として、融資を使うこと。不動産売買は他の投資に比べて、高くレバレッジをかけやすいという側面があります。
・管理……管理とは、投資をモニターするコストです。不動産管理でいえば、全体的な物件の運営と建物のメンテナンスが含まれます。
・税金の影響……税金は投資の収益、損失に影響を与えます。
・収益率……収益率は利回りを指します。投資期間中に、投資した金額に対して何％の収益が生まれるのかということです。なお収益率は税引き前と税引き後で見積もることが可能です。

・リスク……リスクとは、投資の元金や潜在的収入を失う可能性のことです。

次に投資の特性を解説します。1〜5のスケールで、1がもっとも望ましい投資、5がもっとも望ましくない投資です。それぞれの特性を理解しましょう。

代表的な投資の比較

投資	特性						
	換金性	市場性	レバレッジ	管理	税金の影響	リスク	収益率
普通預金	1	1	5	1	5	1	5
債権	3	1	3-4	1-2	3-4	1-2	3-4
公開株	4-5	1	3-4	1-2	3-4	3-4	1-2
収集品（芸術品）	4-5	4-5	4-5	1-2	2-3	3-4	2-3
貴金属	4-5	1	4	1-2	2-3	4-5	2-3
不動産	4-5	4-5	1-2	4-5	1-2	3-4	1-2

出口を見ない不動産投資はリスクでしかない

私のイメージとしては、今は金融機関が融資に積極的な時期ということもあり、レバレッジを効かせた不動産投資をはじめやすい環境が整っています。物件価格が高騰しているとはいえ、銀行金利も低いですし、個人でやっても儲かるチャンスはあるのです。

そこで出口を見ながら、日本の不動産投資で一気に資産形成を行い、その資産で日本ではできない高利回りのファンドやヘッジファンドを海外で運用していく。そんな投資手法も選択肢にあります。ポートフォリオで複数の投資を行い、海外で運用しながら、また日本の不動産を続けていくのもいいと思います。

ただし、不動産投資に関していえば、常に「利益を確定する」という出口を見ながらの運用でなければいけません。

家賃による安定収入こだわらない方が賢明です。家賃＝不労所得だから、老後まで物件を持ち続けるという考え方はやめて、出口を見据えながら資産を構築する手段だと考えましょう。

不動産投資で資産をつくり、海外で投資するというのが私自身の投資スタイルですが、それが正解かどうかは別として、何か一つの投資先にこだわるのはリスクが高いのは事実です。

単純に考えて、日本は人口が減っていきます。住む需要が減る中で、建物はだんだん古くなって壊れていきます。それでも新しいアパートやマンションがどんどん建ちます。需要が増えないのに、新しいものが出てくるという中で、同じものを継続して持つというのは、それだけで一つのリスクなのです。ローンがなくなったとしても、修繕が必要な上に、結局壊すことにもお金がかかるわけです。やはり持ち続けることのリスクというのは、常につきまとうのです。

ここで、「不動産投資のリスクとは何か」を改めて考えてみたいと思います。リスクは次のように定義できます。

リスクの定義

・利回りのばらつきに影響を与える出来事や状況
・実際の利回りが期待される利回りと異なる度合い

大切なことは、利回りは将来上がることも下がることも予測されますが、それ自体はリスクではありません。リスクとは、それが期待通りにいかないことを意味しています。

リスク分析では、リスクの潜在的な要因を検討して、その重要性と、その他の利回りに影響を与えるものとの関係を分析していきます。

リスクの中には、ほかに転嫁できるものがあります。例えば、自然災害リスクをヘッジするために保険に加入するといったようなことです。

また、一つの投資に影響を与えるような経済的出来事は、他の投資には影響を与えないかもしれません。そのため、ポートフォリオの中で、複数の投資を持つことによって多様化できます。

転嫁したり多様化したりした後にまだ残るリスクについては、そのリスクに見合った利回りが期待できなければならないという意味で値段がつきます。

投資家はリスクを負うからには、増加収益（リスク・プレミアム）を期待するのです。つまり、ローリスク・ローリターン、ハイリスク・ハイリターンのように、リスクが少ない代わりに利益も少ない、逆にリスクが大きくなれば、その分だけ利益も大きくなる可能性があるということです。そういった中では不動産投資は、ミドルリスク・ミドルリターンに位置付けられています。

不動産市場は不完全なマーケット

不動産投資の市場は不完全なものです。不完全であるということは不安定であるということで、大きな利益を手にすることができる可能性がある反面、思わぬ損失が発生する可能性もあるのです。

市場は需要と供給の規則に従って機能します。不動産市場において供給というのは、売りに出されていたり、貸しに出されていたりしている物件の総数をいいます。需要というのは、特定の値段で「買いたい」または「借りたい」住宅の総数あるいはスペースの総面積を指します。

賃貸物件で説明すれば、「貸したい物件の数」と「借りたい人の数」のバランスがとれているのか。そこが崩れてしまえば、「貸したいのに借りてもらえない＝空室が続く」ということも起こり得るのです。事実、供給過多で空室率の高い地域は、日本のあちこちにあります。

市場価格とは、特定の市場で売買されるときの値段です。

供給、需要、市場の均衡

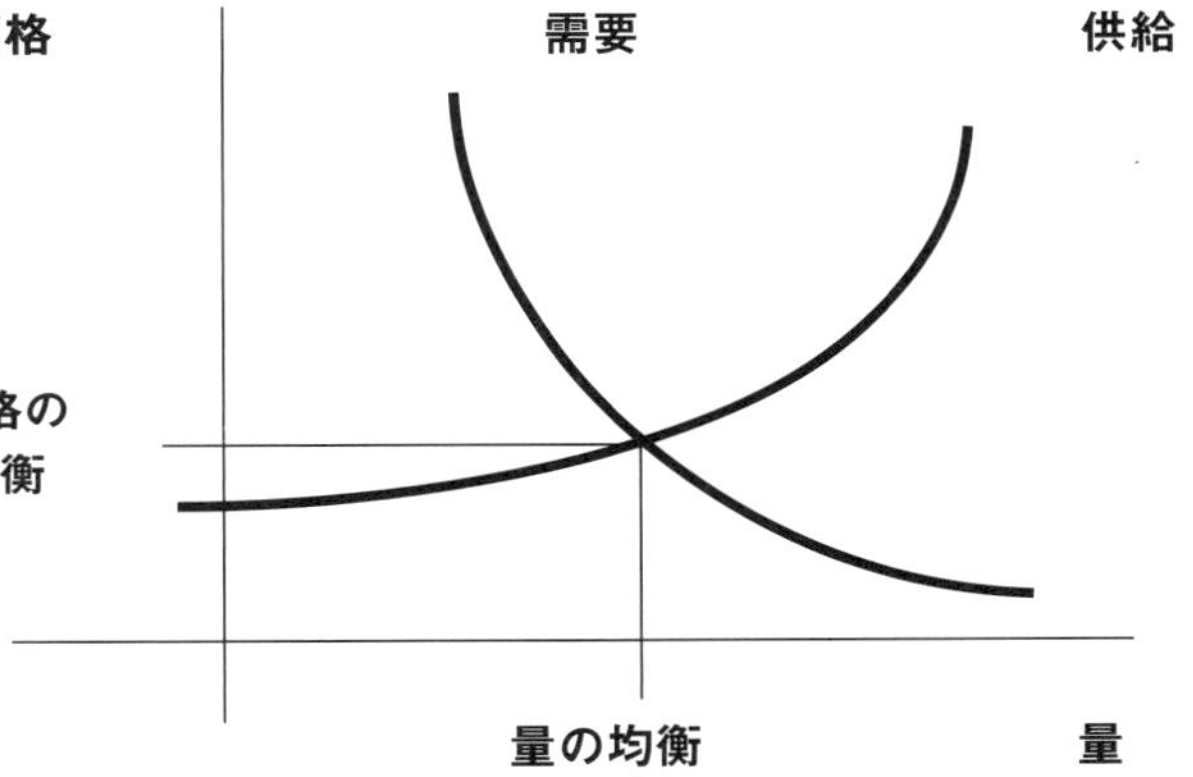

市場の均衡の原則があり、これは需要と供給の曲線が交わる点が市場の均衡点となります（上図を参照）。

次ページの図は「市場の均衡と空室率」を表したグラフで、次のことを示しています。

市場の均衡点以上に価格が上がると、需要の低下が起こり、空室物件が増えてきます。また価格の抵抗によって空室率が上がります。

市場の均衡点以下に価格が下がると、賃貸物件に対する競争、市場に入る消費者の増加、場所を提供する投資家の減少などによって、空室率が下がります。

物件を供給するためにかかった費用（購入費用、リフォーム費用）に関係なく、市場が物件の売却額や家賃が設定されます。

物件のオーナーは市場がその物件に支払う

市場の均衡と空室率

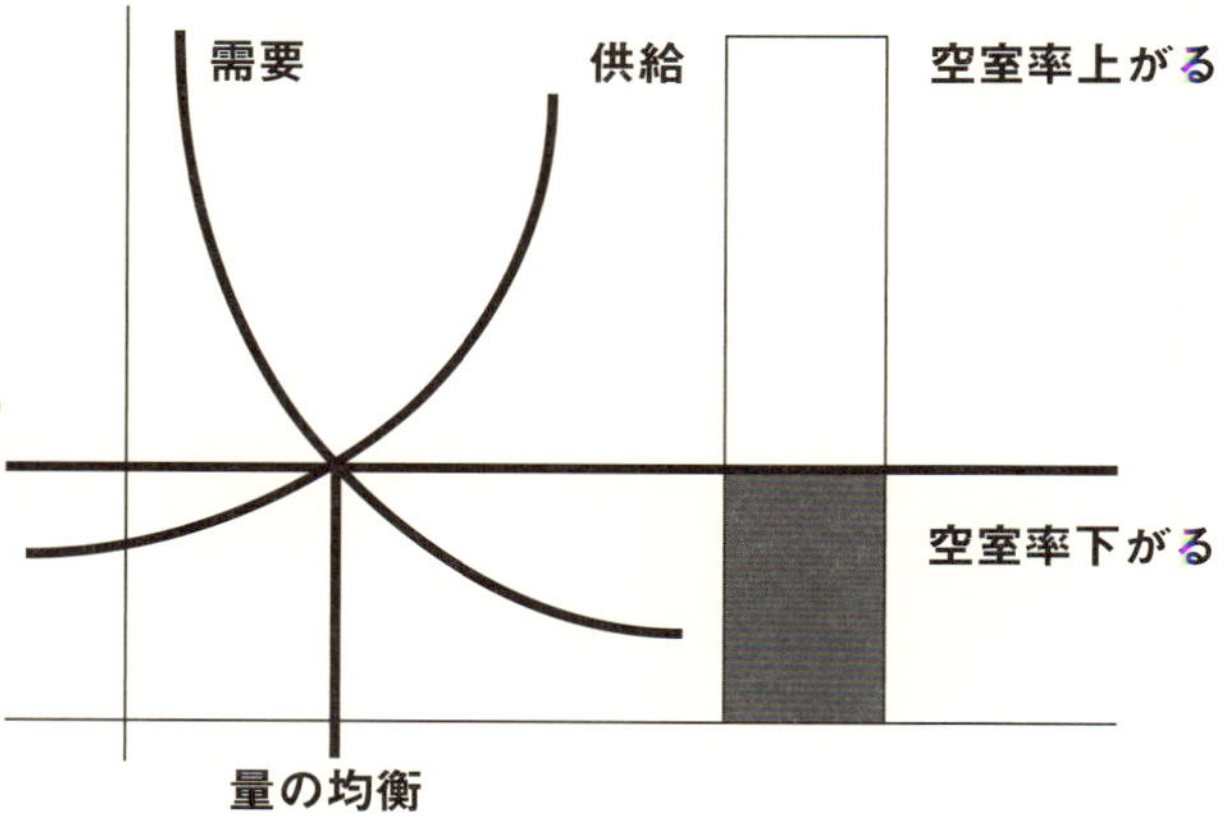

価格と、利益を上げるためにとるべき価格とを検討しなければなりません。

このプロセスによって、完全な市場の均衡にゆがみが生じるのです。

なお市場の均衡のゆがみは、価格の交渉、価格決定、市場の複雑性によって変わります。

不動産投資の流れ〜戦略から売却まで〜

ここで本書のおさらいとして、不動産投資を行うにあたって知っておくべき流れをまとめましょう。戦略から購入・運用・売却そして再投資と一連の流れを簡単に振り返っていきます。より詳しく確認されたい方は、参照すべき章を記載しましたので、もう一度読み返して理解を深めてください。

①戦略（第1章参照）

不動産投資を行うためには、将来的にどれくらいのキャッシュフローを得たいのか、どれくらいの投資規模を目指すのか、戦略を立てることが不可欠です。

法人でいくのか、個人なのか、個人と法人を組み合わせていくのかを見ます。個人でスタートした場合であっても、しっかり戦略を立てれば最終的に法人に切り替えていくことは可能です。

大事なのは融資であり、どの金融機関がどのように物件を評価するのか、物件ありきではなく、融資の優先順位を高めておくことが目標達成に欠かせません。

②購入（第3章参照）

購入では、できるだけ多くの種別の物件と、ある程度エリアをバラして所有することがリスクヘッジになりますが、融資の側面からいえば、「融資の出やすい立地」「融資の出やすい建物」が各金融機関にあります。そのポイントを押さえることが前提となります。

購入にあたっては、その地域の需要と供給といったマーケットの分析を行うこと、また建物の状態（リフォームが必要なのか、必要であればいくらなのか）について、しっかり見極めることが肝要です。そこの部分を怠ってしまえば、いくら資金調達がうまくいっても賃貸経営を行うことは難しくなります。

また、購入時には投資指標を理解して、きっちりと試算を行います。第3章で詳しく紹介していますが、購入時点において売却までを見据えてシミュレーションすることが不可欠です。

③ 運用（第5章参照）

その後の管理運営において主となるのは、空室を減らしてなるべく高稼働させることです。そのためにも、賃貸経営のパートナーとなる管理会社選びは慎重に行います。その他、再投資による資本改善も行います。リフォームという再投資によって、どれだけの収益が上がるのか、出口を見据えたときに費用対効果があるのかを検証します。

併せて節税や保険の活用もまた円滑に運用するために欠かせないことです。

④ 売却（第6章参照）

最後は、売却による利益確定です。不動産投資は売って初めて投資の成果が出るものです。

出口を決める上では、「次の購入者がローンを組めるか」ということがキーとなります。そこで重要な役割を果たすのは耐用年数で、大手都市銀行はこれを見るケースが多いです。そして、10年後の売却を想定するのであれば、あらかじめ試算を行っておき、7年目から13年目で市況を見ながら売却の判断を行いましょう。6年の期間があれば景気の波もある程度変わっているので、想定通りに行く確率も高くなります。

また、出口にはオーナーチェンジでの売却以外の方法もあります。長期間保有して最終的に建物を解体して土地として売却する、リノベーションを行う、建て直しを行うといった種類があります。道は一つではありません。あらゆる要素を勘案して出口戦略を決めましょう。

たとえ所有する場合でも、漫然と持ち続けるのではなく、常に市場価値を意識して「売ったらいくらになるのか」は把握しておいた方がいいでしょう。そのためには、ＩＲＲを理解することが重要です。ＩＲＲとは、「内部収益率」を意味し、投資した全ての現金が生んだ収益の率を指します。

⑤ 再投資

最後は再投資です。不動産投資において購入する不動産が1棟だけというケースは珍しく、人にもよりますが、目標とする資産をつくるためには再投資を行います。購入から売買を繰り返していくことにより、より資産が増えていくということです。

不動産投資の最大の魅力はハイレバレッジをかけられることです。サラリーマン投資家であっても、有利な融資が受けられる環境が整った現状では、不動産投資を始める絶好のチャンスといえます。

しかし、急激に買い手が増えたこともあり、現在は物件価格が高騰しているのも事実です。また、個人属性だけで融資がつくケースでは、投資に値しない物件を購入してしまう恐れもあります。

これまで紹介してきた不動産投資を取り巻く数々の嘘は全て事実であり、しっかり知識を持っていなければ、大きく損をしてしまうような物件を購入してしまうこともあります。「無知は罪なり、知は空虚なり、英知持つもの英雄なり」と言ったのは、かの有名な哲学者ソクラテスです。

知らなかったことで損をしたり失敗するというのは事実です。しかし、いたずらに知識だけを詰め込んでも頭でっかちになるだけで、不動産投資でもよく見かけますが「いつまでも理想の物件を追い求める、買えない人」になってしまいます。

結局のところ、大事なのは、「知識を得る努力と、その知識を活用する努力の両方が必要である」ということなのです。

知っておきたい不動産投資の指標

最後に本書で紹介した投資指標に関する用語について、まとめて紹介します。

聞きなれない言葉もあると思いますが、理解できれば不動産投資の強い味方となります。

必要なシミュレーションについては当社でも行っていますので、自身の所有物件の分析を行いたいという人、今後どのような物件を購入していけばよいか迷われている人はお気軽にご相談ください。

投資指標

GPI	総潜在収入	Gross Potential Income	満室賃料
EGI	実行総収入	Effective Gross Income	GPI－空室損失－未回収損
Opex	運営費・ オペレーションコスト	Operating Expenses	
NOI	営業純利益	Net Operation Income	EGI－Opex
ADS	年間ローン返済額	Annual Debt Service	
CF	キャッシュフロー	Cash Flow	NOI－ADS=BTCF／BTCF－TAX=ATCF
K%	ローン定数	Loan Constant	ADS/現在のローン残高 融資期間と金利で決まる
FCR	真実の利回り	Free and Clear Return=OAR	NOI/Total Property Cost =ROI 全額自己資金の場合の利回り＝抵当権設定がない FCRとK%は対比する
CCR	自己資金利益率	Cash on Cash Return=C on C%,=EDR,=ROE,ROI	CF/Equity=(NOI-ADS)/Equity=ROE レバレッジ効果 FCRとCCRは対比する
DCR	借入金償還余裕率	Debt Coverage Rate	NOI/ADS ローンの安全率
BE%	損益分岐点	Break Even Rate	(Opex＋ADS)／GPI
IRR	内部収益率	Internal Rate of Return	NPVがちょうど0になるときの割引。つまり、IRRは投資から得られるすべての収益を初期投資額に見合うように、現在価値に割り引く率。NPVが0になるような投資は投資対象の現在価値を投資額とした場合であることになる。一言でいうと「複利の利回り」

おわりに

最後までお読みいただきまして、誠にありがとうございました。

本書でご紹介したように、ちょっとした誤解程度のものから、騙されては大変な重大なことまで、不動産業界にはたくさんの「嘘」があります。

そのため、読者の皆様の中には、不動産業界に対して、あまり良いイメージを持っていない方もいると思います。私は「そんな不動産業界を変えていきたい！」という気持ちから、2007年に不動産会社を設立しました。

永続的な繁栄を目的として、「お客様を感動させること」をコーポレートスローガンとし、関わった人すべてが幸せになっていただける企業を目指しています。


最後に私の座右の銘をご紹介したいと思います。

「卓越とは、1000の細かいことである―― Excellence is a thousand details ――」

この意味を知っていますか？

卓越とは「群をぬいてすぐれていること」です。日々のちょっとしたことをコツコツと積み重ねていくことによって、卓越がつくられるという意味です。

このような言葉があるように、事業として、点（Point）という投資用不動産や資産運用のプランニングから、そこからその先（Precedent）という無限の可能性を追い続けていきます。

プラス１％の小さな気遣いやサービスをお客様にご提供することにより、そこから生まれてくる満足そして感動へとつなげていけると確信して、日々業務に邁進していきます。

また、不動産業界がより良いものになっていくよう、ＣＰＭ®やＣＣＩＭ®が認知されることを望んでいます。そして、私自身も不動産投資を学び続けていきたいと考えていますし、不動産投資のプロとして、お客様一人ひとりに適切な資産形成をご提案させていただきます。

もし、現状の投資に不安、不満があれば、どうぞお声かけください。

本書が読者の皆様にとって「成功」のきっかけになれば、著者としてこれほど嬉しいことはありません。

本書の動画解説を当社ホームページにて、無料配信しております。是非、ご覧ください。

大村昌慶（おおむら まさよし）
1978年生まれ。CPM®（米国不動産経営管理士）、CCIM®（米国認定不動産投資顧問）、公認不動産コンサルティングマスター、宅地建物取引士、他保有資格多数あり。2000年より日本国内の不動産業界に身を置き、賃貸営業・賃貸管理・売買営業などを経験する。また個人投資家としても、2007年より自らの資産管理法人にて不動産投資物件を購入・運用する。その投資経験を広く知ってもらい、投資家と情報共有することを目的として、株式会社ダイムラー・コーポレーションを設立。投資不動産を中心に事業を展開し、国内・海外を問わず、不動産・資産管理・資産運用の提案や相談に応じ、信頼できる業界にするために「不動産業界を変える」ことを目標としている。

不動産投資の嘘

2016年6月30日　第1刷発行
2016年8月 5 日　第2刷発行

著　者　大村昌慶
発行人　久保田貴幸
発行元　株式会社 幻冬舎メディアコンサルティング
〒151-0051　東京都渋谷区千駄ヶ谷4-9-7
電話03-5411-6440（編集）
発売元　株式会社 幻冬舎
〒151-0051　東京都渋谷区千駄ヶ谷4-9-7
電話03-5411-6222（営業）
印刷・製本　瞬報社写真印刷株式会社

検印廃止

ISBN 978-4-344-99337-2 C2033
幻冬舎メディアコンサルティングHP
http://www.gentosha-mc.com/